Ylva Eggehorn

Wo die Löwen wohnen

YLVA EGGEHORN

Wo die Löwen wohnen

Männer in der Bibel
14 Porträts

Aus dem Schwedischen
von Rainer Haak

HERDER

FREIBURG · BASEL · WIEN

*Die zitierten Texte aus der Bibel wurden für diese Ausgabe
von Rainer Haak neu ins Deutsche übertragen*

Inhaltsverzeichnis

Vorwort
Wo die Löwen wohnen

Dieses Buch ist für mich eine Entdeckungsreise in ein (zumindest teilweise) unbekanntes Land. Ich habe mir etwas Schweres vorgenommen: die Geschichten von einigen Männern in der Bibel nachzuerzählen, gelesen auf dem Hintergrund meiner Lebenserfahrung als Frau und als Mensch. Wäre dieses Buch anders geworden, wenn es ein Mann geschrieben hätte? Ich weiß es nicht.

Auf die Idee für den Titel *Wo die Löwen wohnen* kam ich durch alte Landkarten aus der Antike und dem Mittelalter. Wenn die europäischen Kartenzeichner die Grenzen der damals bekannten, erforschten und mit Namen bezeichneten Gebiete „überschritten", pflegten sie die „weißen Flecken" der Karte mit den Worten „Wo die Löwen wohnen" (*ubi leones* oder *hic sunt leones*) zu kennzeichnen. Das bedeutete: „Vorsicht vor unbekannten Gefahren!" Und vor unerwarteten Abenteuern, füge ich hinzu.

Eine Reise in teilweise unbekanntes Gebiet ist dieses Buch für mich aus dem einfachen Grund, dass ich kein Mann bin, sondern eine Frau. Ich gehöre zu denen, die mit Nachdruck behaupten, dass wir die meisten Erfahrungen mit allen teilen können. Schließlich sind wir zuerst und vor allem Menschen. Ich bin meinem Vater dankbar, der schon in den 1950er Jahren in der Küche stand und Essen zubereitete, ein Mann voller Wärme und Musik. Durch ihn habe ich ein positives Männerbild entwickeln können. Aber es gibt eben auch in jeder Zeit und jeder Kultur – neben den biologischen Besonderheiten – unterschiedliche Erfahrungen, eine Frau oder ein Mann zu sein und als Frau oder Mann behandelt zu werden. Global gesehen sind die gesellschaftlichen Machtstrukturen männlich. Die politische, militärische, religiöse, kulturelle und wirtschaftliche Macht liegt meistens in den Händen von Männern. Dadurch sind unsere Erzählungen und Vorstellungen geprägt.

Die Bibel besteht aus Dutzenden von Büchern. Es ist deutlich, dass die biblischen Erzählungen eine Umwelt widerspiegeln, in der die Männer den Vorrang hatten. Aber hier und da problematisieren die Texte selbst diese Tatsachen – sogar schon am Anfang der biblischen Erzählungen, bei Adam und Eva. Dort wird deutlich gemacht, dass es „so" nicht von Anfang an gedacht war:

„Im Anfang schuf Gott Himmel und Erde …" und den Menschen. Zu seinem Bild, heißt es. Als Mann und Frau schuf er den Menschen. Nur Mann und Frau zusammen, Seite an Seite in einer dialogischen Gegenseitigkeit, repräsentieren Gott und zeigen das ganze Bild. Dass der Mann über die Frau dominiert, erscheint als Ergebnis einer tragischen Abweichung vom Ursprungsgedanken.

An dieser Stelle hat mein Interesse begonnen. Wenn es „so" nicht von Anfang an gemeint war, was ist dann ein Mann und was sind männliche Erfahrungen? Kann ich etwas herausfinden, was in einigen der alten Erzählungen bisher übersehen wurde? Gibt es Sprünge oder Risse in den patriarchalischen Eindeutigkeiten, unentdeckte Bereiche hinter dem, was so sehr bekannt erscheint? Überraschende Abenteuer? Lassen Sie sich einladen zu einer Entdeckungsfahrt. *Dorthin, wo die Löwen wohnen.*

Ylva Eggehorn

Adam
Der erste Mann

Gott sagte:
Es ist nicht gut,
dass der Mann allein ist.

A dam ist der Mann, der als Erster von allen in der Bibel genannt wird.

Sein Name beginnt mit dem ersten Buchstaben des Alphabets. Völlig allein steht er in der Schöpfungsgeschichte, das bemerke ich sofort. Am Rand seiner Welt braust das Meer mit einem Gewimmel von Lebewesen. Er steht zwischen vier Flüssen. Im Erdboden und auf dem Felsgrund bei den Flüssen kann man Gold, Onyxsteine und Bedolachharz finden. Es grünen viele Pflanzen, Büsche und Bäume. Blumen in leuchtenden, unglaublichen Farben neigen sich über ihn und duften stark. Es knackt und raschelt im Blattwerk vom Galopp der Hufe, Tatzen und Klauen, es rasselt von Eidechsenschuppen und raschelt von Schlangen, und abends im Gegenlicht steigen die Mücken hoch und sinken hinab, sinken und steigen hoch in einem Tanz, der wahrscheinlich dem Tanz der Neutronen im Inneren der Materie ähnelt. War es bisher überall wüst und leer und dunkel gewesen, so hatte sich jetzt das unerhörte Schöpferlicht Bahn gebrochen. Der Schritt von Nichts zu Etwas ist der größte Schritt im Universum.

Mitten in diesem Leben steht Adam, und er macht den Eindruck, sehr einsam zu sein. Sein Name bedeutet „Erdling". Gott hat ihm diesen Namen gegeben, er hat ihn sich nicht selbst ausgesucht. Wie man heißt, entscheidet man nicht selbst. Das tut immer ein anderer.

Adam steht bekleidet mit seinem Namen, das ist vorläufig alles, was er hat. Die Erzählung von ihm ist, so lese ich sie, ein Mythos. Doch halt! Mit Mythos meine ich nicht „Erfindung" oder „Lüge" oder „etwas, das sich als bedeutungslos herausstellt". Das ist ein spätes, verdrehtes Verständnis des Wortes Mythos.

Nein, in der ursprünglichen Bedeutung des Wortes Mythos geht es darum, dass eine oder mehrere Wahrheiten des Lebens erzählt werden. Es geht nicht um einfach festzustellende Wahrheiten, zum Beispiel dass der Ball rund ist oder zwei und zwei vier ist. Ein Mythos vermittelt immer sehr große, tiefe Wahrheiten. Komplexe Wahrheiten, die so viele Ebenen und Schichten haben, dass sie immer größer sind als wir selbst. Man nennt das „existenzielle Wahrheit". Gemeint ist damit alles, was unser Verhältnis zum „großen Ganzen" betrifft.

Während Erwachsene Kindern beizubringen versuchen, dass zwei und zwei vier ist, sind diese ganz existenziell mit den Wahrheiten des Lebens beschäftigt: Warum will man nicht allein sein? Was geschieht eigentlich im Zwischenraum zwischen Null und Eins? Warum ist es manchmal angenehm, zu zweit zu sein, und manchmal zu viert? Und warum kann es zum Bruch kommen, obwohl man doch so gern zu zweit ist? In diesen „Kinderfragen" geht es um existenzielle Wahrheiten.

Will man auf diese Fragen antworten, kommt die Sprache an ihre Grenzen. Man muss sie auf neue und überraschende Weise verwenden, um etwas zu erreichen. Man kann zum Beispiel Bilder verwenden – wie in einem Film. Oder Erzählungen oder Fantasiepersonen mit ungewöhnlichen Namen – wie in Büchern und in Träumen. Bei einem Mythos verschwindet die Wahrheit nicht. Ein Mythos schafft auch nicht die Wirklichkeit und die Geschichte ab. Aber er vertieft die Wahrheit und erweitert die Geschichte, so dass die Wahrheit *meine* Wahrheit werden kann und die Geschichte etwas, was uns *jetzt* angeht.

So ist die Erzählung von Adam die Erzählung von uns allen. Oder zumindest von allen Männern. Daher werde ich berührt von der Einsamkeit, die ihn zu umgeben scheint, mitten im Gewimmel des Lebens. Was kann er jetzt tun?

Er wird auf die Weltbühne gerufen, um allen Geschöpfen Gottes einen Namen zu geben. Niemand kann sich selbst einen Namen geben, der Name ist ein Geschenk, das von außen kommt, weil jemand mich gesehen und im Gewimmel erkannt hat. Die Schöpfungsgeschichte erzählt, dass der Mensch die Freiheit hat, die Welt zu benennen und sich auszudrücken. Er hat die Macht bekommen, anderen einen Namen zu geben. Und Gott? Gott, der allmächtig und allwissend sein kann, wenn er es will, und sich deshalb alle Worte und Begriffe selbst hätte ausdenken können, entscheidet sich dieses Mal dafür, nicht alles zu wissen: Es ist viel schöner, sich überraschen zu lassen. – Na, wie wird er die mit dem langen Hals nennen? Giraffe! Unglaublich! Wo hat er das nur her?

Die Sprache wird den Menschen für immer begleiten als einzigartige Möglichkeit, die Welt zu deuten. Aber gerade das beinhaltet den Samen für Komplikationen… wie die Bibel schon wenige Seiten weiter in der Geschichte vom Turmbau zu Babel berichtet (Genesis / 1 Mose 11).

Jetzt gibt es erst einmal eine Art Stille oder Zögern in der Erzählung, bevor Eva entsteht. Das Zögern, so glaube ich, beruht darauf, dass Adam unvollendet ist. Er kann nicht in dieser Einsamkeit leben, da muss eine Lösung gefunden werden. Die Frau, die die Ebenbildlichkeit Gottes erfüllt, wird erschaffen (denn nur Mann und Frau *gemeinsam* werden „Menschen" genannt und sind „Bild und Gleichnis" Gottes). Dass sie aus einer Rippe von Adam gemacht wurde, sollte nicht als eine Art von Wiederverwertung angesehen werden. Ebenfalls nicht als Raubkopie vom Original, als wäre sie ein Produkt aus zweiter Hand. Nein, es geht darum, dass die Rippen einen schützenden Korb über dem Herzen bilden, nahe von Adams empfindlichstem Punkt, nahe dem Zentrum seiner Person. Dort befindet sich die Frau. Sie öffnet einen Weg durch seine Abwehr. Sie wird aus der Seite des Mannes geschaffen – so betonen es die jüdischen Ausleger dieser Texte –, nicht aus den Füßen, um von ihm unterworfen zu werden, nicht aus dem Kopf, um über ihn zu herrschen, sondern aus der Seite, um mit ihm Seite an Seite, in Gegenseitigkeit, zu leben. „Es ist nicht gut, dass der Mann allein ist. Ich will eine Hilfe für ihn erschaffen …", sagt Gott. Der Mann ist verletzlich. Er kommt nicht allein zurecht. Hier begegnet uns ein erster Entwurf eines Bildes vom Mann und von Männlichkeit – vielleicht nicht völlig übereinstimmend mit der heutigen Vorstellung von „einem richtigen Kerl".

Ein unglückseliges Missverständnis des Wortes „Hilfe" in dieser Erzählung führte zu der Behauptung, dass die Aufgabe der Frau ist, für den Mann zu sorgen und seine Bedürfnisse zu erfüllen. Aber das hier verwendete hebräische Wort für „Hilfe" bedeutet nicht Assistent, sondern *Erlöser, Befreier*. „Jemanden, der ihm eine

Hilfe sein kann" meint keine Haushaltshilfe, sondern eine Partnerin, die ihn befreit und ihm ebenbürtig ist, seinesgleichen, die alle Möglichkeiten hat, um an seiner Seite zu stehen. Die Ehe aus Freundschaft ist damit gestiftet, lange bevor die scharfsichtige schwedische Autorin Dagmar Edqvist (1903–2000) in den 40er Jahren des vergangenen Jahrhunderts ihr Buch „Frau und Kamerad" schrieb (auf Deutsch erschienen 1949 im Züricher Orell Füssli Verlag).

Die Geschichte kann beginnen. Die wohlbekannte, mit dem Baum des Lebens voller Früchte, die der Mensch essen durfte, und mit dem Baum der Erkenntnis, dessen Früchte verboten waren. Man kann sich fragen, warum sie nicht zuerst von dem Baum des Lebens aßen, um erst einmal heranzuwachsen und die bis dahin noch fehlende Einsicht zu gewinnen. (Es geht mir dabei weniger um Sexualität als zum Beispiel um Massenzerstörungswaffen.)

Hier begegnen uns die Schlange, der Baum der Erkenntnis, Bewusstsein, Scham, Furcht und die Vertreibung aus dem wunderbaren Garten. Es lohnt sich, die Erzählung nachzulesen (Genesis / 1 Mose 3,1–26). Eine selbstverständliche Gemeinschaft mit dem großen Ganzen zerbricht. Eine bessere und deutlichere Illustration der aktuellen Klimabedrohung und Umweltproblematik ist kaum vorstellbar.

Gerade erst war Adams Einsamkeit zerbrochen (die Rippe, die sein Herz einschließt), da steht er schon zusammen mit Eva außerhalb all dessen, worin er sich eben noch so selbstverständlich bewegt hat: der unreflektierten Gemeinschaft mit Gott und der ganzen Schöpfung. Mit Hilfe der Sprache können sie nun zurückblicken, sich an ihren eigenen Ursprung erinnern und Kindern und Enkeln davon erzählen, was gewesen war. Aber die Unsicherheit und Unkenntnis der Zukunft in dem neuen, unbekannten Dasein ist vollständig. Jetzt befinden sie sich wirklich auf unerforschtem Gebiet. *Wo die Löwen wohnen* – und die Löwen liegen nicht zahnlos an der Seite der Lämmer. Um Adam herum wird es dunkel, und die Nacht scheint kalt zu werden.

Das Leben wird nie wieder leicht werden, sagt die Erzählung grimmig. Nie wieder wird Adam nur seine Hand ausstrecken müssen, um zu pflücken, was er zum Essen braucht. Harte Feldarbeit steht ihm bevor, Plackerei und Stress warten auf ihn. Die Frau an seiner Seite wird ihre Kinder unter Schmerzen gebären – nichts wird mehr leicht sein. Sie wird Verlangen nach ihm haben („Ich muss ihn haben!"), und er wird über sie herrschen wollen („Du tust, was ich sage, sonst …"). Alles zusammen ist eine Entgleisung, eine Katastrophe. Hier sagt mir die Erzählung, dass die stereotypen Männer- und Frauenrollen nicht natürlich, nicht ursprünglich sind. Die tyrannische Herrschaft der Menschen über die Schöpfung, wo Bäume nur als Holz und andere Menschen nur als Arbeitskraft gesehen werden, ist auch eine Entstellung des ursprünglichen Auftrags, die Schöpfung zu verwalten. Resultat davon, dass etwas falsch gelaufen ist. Sünde – die tiefe Entzweiung im Dasein zwischen dem, wie wir sein sollten, und dem, wie wir sind – ist nicht menschlich. Es ist nicht „menschlich zu irren", sondern unmenschlich. Scham ist auch nicht menschlich. Nackt sein, sich vor dem anderen entkleiden, ohne sich zu schämen, das ist menschlich.

Da nimmt die Erzählung eine plötzliche Wendung. Gerade als die unerbittlichen Konsequenzen der Entscheidung, lieber zu wissen als zu lieben, lieber zu kontrollieren als zu dienen, in Kraft treten, da setzt sich Gott auf den Boden zu den Menschen und nimmt bei ihnen Maß. Er erschafft das Maßband, zum ersten Mal in der Geschichte braucht er es. Wofür? Weil er Kleider für die Menschen nähen will. Er schickt sie nicht hinaus in die Dunkelheit und Kälte, ohne sie zuvor mit so viel Schutz zu umgeben wie möglich. In unserer westlichen Kultur gilt Nähen und Schneidern oft als „Frauensache" (trotz aller männlichen Schneider und Modeschöpfer). Und Kinder anzuziehen, bevor sie hinausgehen, darauf zu achten, dass sie nicht frieren, war bis in unsere Zeit vor allem die Aufgabe der Mütter.

Wie immer es auch damit steht, jedenfalls liegt doch etwas Umstürzendes in dem Gedanken, dass der Gott, der den Galaxien gebietet, im Weltraum zu wirbeln, der das Geheimnis der schwarzen Löcher kennt und dem komplizierten Tanz der Quarks folgt, sich am Rand eines Gartens hinsetzt, um Kleider für die Menschen zu nähen.

Diese Notiz in der Schöpfungsgeschichte habe ich viele Jahre lang sorgsam übersehen. Bis meine Augen sie eines Tages wahrnahmen und ich das Große darin erkannte. Gott fädelt einen Faden durch das Nadelöhr, feuchtet ihn an, damit er hindurchgeht, und näht Kleider, um Adams Scham und Verletzlichkeit zu bedecken. Aus Fell, so steht es im Text. Marokkanisches

Leder vielleicht? Mit Fransen und Perlen am Rand? Oder wärmendes Schaffell? Ich glaube, die Erzählung will zeigen: So weit reicht die Fürsorge des Schöpfers für die Menschen, die er geschaffen hat. Gott will unsere Verletzlichkeit bedecken.

Alles ist vorbei und verloren, und Gott wird von nun an einsam sein in dem wunderbaren Garten. Adam steht noch etwas unsicher in der neuen Ausstattung und geht vorsichtig einige Schritte. Er ist nicht völlig verlassen. Aber nichts wird mehr einfach sein.

Adam hat jetzt eine Sprache, und er wird sie verändern. Die Wahl zwischen Gut und Böse wird nie mehr kristallklar sein. Zwischen Ja und Nein haben sich eine Menge kleine Wörter geschlichen, Wörter des Zweifels, der Überlegung, der Bedenken, der Zweideutigkeit, des Widerspruchs ... Die Zeit der Erklärungen hat begonnen. Es geht darum, die Gedanken mit dem Ganzen wieder zu vernähen.

Hier beginnt unser aller Geschichte.

Gottes Ja und Nein

Von der Stille über
dem ungeteilten Wasser
schuf Gott mit seiner Kehle,
seinem Mund und seinen Stimmbändern
Ja und Nein.

Zufrieden mit seinen Worten,
steckte er sie in eine leere Schriftrolle,
lang genug, um sie über der ganzen Erde auszurollen.

Von ihren lauten Paarungsspielen
erwartete Gott kleine Ja und Nein,
die hinaus in die Welt wandern würden –
eine Reihe von roten und schwarzen Ameisen –
aber als er einen Blick warf
auf das Papyrus mit seinen Wasserzeichen,
erblickte er dort Worte,
die er nie zuvor gesehen hatte.

Das sah nach einer kleinen Störung aus.

Er wusste nicht, dass dies
das Ende der richtigen Antwort sein würde.
Das Ende des Ja zu seinen Geboten.
Das Ende des Nein zum Versucher.

Adam

Bevor er in den Ton spuckte
und sie formte,
Sie-die-gehorchen-Sollen,
hatten sie schon eine Sprache,
die auf sie wartete:
vielleicht, kommt drauf an, angenommen,
also ungefähr, ich weiß nicht …

Lorna Crozier

Henoch
Lebensspuren

Henoch lebte in Gemeinschaft mit Gott.
Dann war er nicht mehr da,
denn Gott hatte ihn fortgenommen.

Wenn ich Henoch fast an die erste Stelle in diesem Buch setze, gehe ich eigentlich ein großes Risiko ein. Dieser Mann scheint auf keine Art ein Vorbild in unserer Zeit zu sein – weder für Männer noch für Frauen! Aber er ist so unglaublich und überraschend, dass ich dieser kleinen Erzählung über ihn nicht widerstehen kann.

Henoch wurde in der siebten Generation nach Adam geboren. Die Einleitung zu dem Kapitel, in dem wir die Erzählung von Henoch finden (Genesis / 1 Mose 5), ist eine pompöse Erinnerung daran, dass kein Mann und keine Frau allein das Leben repräsentieren können.

„Dies ist Adams Ahnentafel. Als Gott den Menschen schuf, da machte er ihn Gott ähnlich. Als Mann und Frau schuf er sie. Er segnete sie und gab ihnen den Namen Mensch."

Die Bibel nimmt es sehr genau mit Ahnentafeln. Man soll wissen, woher man kommt und wohin man auf dem Weg ist. *No man is an island* – kein Mensch ist eine Insel, das ist in den biblischen Texten so selbstverständlich, dass man es nicht einmal erwähnen muss.

Wir erkennen auch, dass die Welt ganz neu und frisch ist, als Henoch sie betritt. Großstädte, Autobahnen und Klimabedrohung können noch nicht einmal am Horizont erahnt werden. Das bedeutet auch, dass es noch viel zu erforschen gibt: wie man Werkzeug anfertigt, Getreide anbaut und mit Waffen umgeht. Man beginnt die ersten Häuser zu bauen, aber längst noch nicht mit Sonnendeck und Veranda.

„Als Jered 162 Jahre alt war, wurde er Vater von Henoch... Als Henoch 65 war, wurde er Vater von

Metuschelach. Nach der Geburt von Metuschelach lebte Henoch 300 Jahre und bekam Söhne und Töchter. Henoch lebte in Gemeinschaft mit Gott. Dann war er nicht mehr da, denn Gott hatte ihn fortgenommen."

Der Name Henoch bedeutet „trainiert" oder „hingegeben" oder vermutlich eine Mischung von beidem. Vielleicht könnten wir ihn als „treibende Kraft" bezeichnen oder als jemanden, der genau weiß, was er will. Er lebte 300 Jahre in Gemeinschaft mit Gott, steht geschrieben. Mit anderen Worten: lange. Mehr wird nicht berichtet. Beerdigung, Festrede und Gedenkstein fehlen. „Gott hatte ihn fortgenommen." Er verschwand einfach in der dreihundertjährigen Hingabe, so wie Frostnebel auf dem Feld an einem Aprilmorgen im Sonnenschein fortschwebt.

Welch unglaubliche Provokation für uns, die wir glauben, dass ein Mann doch Spuren hinterlassen sollte!

Was arbeitete Henoch? Ich weiß es nicht. Darüber sagt der kurze Text nichts. Vielleicht hat er gar nicht gearbeitet. Machte er Karriere? Nein. Tat er etwas Großes? Wohl kaum! Hat er wenigstens gejagt? So wie Nimrod, der gewaltige Jäger? Kein Wort wird darüber gesagt. Nicht einmal etwas über kriegerische Taten.

Er scheint keinen einzigen Menschen besiegt und erst recht keine Stadt eingenommen zu haben. Offenbar geschah nichts, was besonders bemerkenswert war. Wie steht's mit Frauen? Nun ja, er scheint immerhin aus Fleisch und Blut gewesen zu sein. Die kurze Chronik zeigt, dass er sowohl Söhne als auch Töchter bekam.

Frauen werden selten in der Bibel erwähnt (und es sind, das ist schon bemerkenswert, die Männer, die in diesen Ahnentafeln die Kinder bekommen). Noch seltener ist die Rede von Töchtern. Da lohnt es sich schon, dies noch einmal zu lesen: Er bekam Söhne und Töchter.

Obwohl seit dem „Anfang" schon etliche Jahre und ein paar Kapitel vergangen sind, glaubt der Verfasser des Buches Genesis offenbar, dass es immer noch aktuell ist, an die ursprüngliche Bedeutung des Menschen zu erinnern. Der „Anfang" leuchtet auf in dem Wort über die Kinder Henochs: es sind „Söhne und Töchter", Menschen, die gemeinsam ein lebendiges Bild Gottes sind.

Aber hinterließ Henoch nicht etwas Monumentaleres als Kinder? Erbaute er etwas? Nicht einmal eine Mauer oder ein Brunnen werden hier erwähnt.

Ich denke an die Mauern, die jetzt halb versteckt in einem Fichtenwald stehen, gar nicht weit von meinem Wohnsitz entfernt. Ein Bootsmann (er war Soldat bei der königlichen Marine im 19. Jahrhundert) bekam nach dem Ende seiner militärischen Laufbahn die Erlaubnis, sein Dorf zu verlassen. Ihm wurde als Ersatz eine Parzelle in der Wildnis hinter Eriksberg zugeteilt. Dort konnte er den Wald roden, um genügend Fläche zu haben für ein Haus, einen Acker und etwas Vieh. Vom Haus und den Nebengebäuden stehen heute nur noch die Grundmauern.

Er muss Steine gehoben und geschleppt haben mit einer Kraft und Anstrengung, die an Hammerwerfer und Gewichtheber bei den olympischen Spielen erinnern. Ganz allein hat er eineinhalb Meter hohe, breite Mauern errichtet, die sich heute zwischen den Fichten befinden. Die längste Mauer ist hundert Meter lang – und das im Quadrat! Es gibt nicht einmal ein Schild, das heute auf diese große Leistung hinweist. Woher kommt diese Leidenschaft, etwas zu bauen, das so viel größer ist als alles, was ein Mensch zum Leben braucht?

Wenn ich in der S-Bahn sitze, höre ich gern Gesprächen zu wie diesem, als zwei Männer sich zueinander wandten und einer sagte: „Ich habe jetzt angefangen, am Haus zu arbeiten. Es wird eine Veranda." Die Augen der beiden glänzten, als sie von Bauholz und Schrauben sprachen, zwei mal vier Zoll müssen es mindestens sein. Und sie diskutierten darüber, wie das Holz imprägniert werden muss und das Dach abgedichtet werden sollte. Ich kann mich über so ein „Bauglück" freuen.

Noch nie habe ich zwei Frauen erlebt, die in der S-Bahn über etwas Ähnliches sprachen. Geschlechterrolle, kulturelle Tradition oder Biologie? Ich weiß es nicht. Niemand hindert uns Frauen daran zu bauen, doch ich stelle fest, dass wir es selten tun.

Henoch baute nichts. Nicht einmal eine Veranda. Er baute keinen Brunnen. Keine Arche, keinen Turm zu Babel und keine Mauer um eine Stadt. Es wird nicht einmal behauptet, dass er einen Altar baute. Und das ist wirklich eigentümlich! Eine provozierende Abwesenheit von allem, was einen Menschen zum Mann macht und was wert wäre, in einer kurzen Aufzählung von Vätern erwähnt zu werden.

Es gibt keinen räumlichen Abdruck seines Lebens, nicht einmal einen religiösen. Nur diese ungreifbare, verblassende Fußspur in einem alten Text: „Henoch lebte in Gemeinschaft mit Gott." Soll das etwas sein? Ist das nicht eher etwas für alte Weiber? Von so einem sind keine Steuereinnahmen zu erwarten. Die Frau (oder Frauen) hätten eher Kummer mit so einem Mann. Was würde oder würden sie antworten auf die Frage: „Und was macht dein Mann?"

Henoch löst sich mitten in dieser Erzählung in Luft auf. Außer Söhnen und Töchtern hinterlässt er keine Spuren in der Geschichte. Es ist nutzlos, nach seinem Grab oder irgendwelchen Erinnerungsstücken zu suchen – eines Tages, so sagt die Erzählung, schneidet er das dünne Häutchen durch, das die sichtbare Welt von der unsichtbaren trennt, und geht direkt ins Licht, so wie Krümel und Jonathan in Astrid Lindgrens Erzählung *Die Brüder Löwenherz*. Könnte man in unserer Zeit so einen Mann ertragen? Er würde ja alle Ranglisten herausfordern mit seiner Kunst, einen märchenhaften Abgang von dieser Welt zu gestalten. Das Licht nahm ihn auf. Peinlich.

Die kurzen Zeilen über ihn stecken wie ein Pfeil im Herzen des Patriarchats und zittern. Ah ja, du arbeitest also an deiner Karriere. Und du hast Erfolg bei Frauen. Du beweist deine Männlichkeit auf alle mögliche Art und Weise. Und du hast das Mosaik im Badezimmer selbst gestaltet, sagst du? Und außerdem bist du Mitglied in mehreren Ausschüssen und Vorständen? Prima.

Henoch tut nichts Beeindruckendes. Er ist auch nicht arrogant (so wie ich jetzt gerade in Versuchung bin). Er ist einfach nicht dabei.

Aber muss er nicht irgendetwas Besonderes vorgehabt haben? Vielleicht hat er sich einer Kunst, einem

Wissensgebiet oder einer Sache gewidmet, die ihm wichtiger war als alles andere. Doch wenn ich danach im Text suche, werde ich genauso enttäuscht wie schon zuvor. Gar nichts! Da steht kein einziges Lob über seine Forschungen oder Interessen.

Wo Stillschweigen herrscht wie hier, machen sich die Leser gern Gedanken über das, was nicht im Text steht. Ich beginne im Internet zu suchen, um herauszufinden, ob andere auch über diese Sache nachgedacht haben. Und tatsächlich finde ich ein Zitat aus einem (mir bis dahin unbekannten) Buch: „Und ich, Henoch, sah das Bild vom Ende aller Dinge. Niemals wird ein menschliches Wesen das sehen, was ich gesehen habe" (Kapitel 19 im Henochbuch).

Hier taucht er auf. Er spricht aus einem Buch, das seinen Namen trägt – und das lange nach seinem Verschwinden geschrieben wurde. Das Henochbuch war bereits mindestens hundert Jahre vor Jesu Geburt bekannt, so erfahre ich. Vielleicht ist es aus dem Stillschweigen in dem kurzen Bibeltext heraus entstanden. Es gehörte zu den sogenannten apokryphen Büchern – Schriften, die nicht in die Sammlung der „Heiligen Schrift" aufgenommen, aber doch hoch geachtet wurden.

Wie Henoch selbst war auch dieses Buch plötzlich verschwunden. Über tausend Jahre lang wurde es als verloren betrachtet und war nur durch Zitate bekannt, besonders durch die Kirchenväter. Die interessierten sich für das Henochbuch, weil es von einer Gestalt spricht, die als Menschensohn bezeichnet wird. Es geht um eine Person, von der behauptet wird, dass sie „nicht erschaffen" wurde – das heißt, sie existierte vor aller Zeit, auch vor dem „Beginn" der Welt.

Diesen Menschensohn kann man auch im Buch Daniel finden. Dann ist es still um den Menschensohn. Bis Jesus überraschenderweise entscheidet, sich genau so zu nennen. Das war natürlich der Grund, warum ein Teil der Kirchenväter später so gern das Henochbuch las.

Nach über tausendjähriger Abwesenheit tauchte das Henochbuch wieder auf. Ein Entdeckungsreisender mit Namen James Bruce fand es 1773 in Äthiopien, geschrieben auf Aramäisch. Im Jahr 1947 fand man es dann auch in der Wüste Sinai, zwischen den berühmten Schriftrollen vom Toten Meer, und konnte zum ersten Mal die Handschriften vergleichen. Es stellte sich heraus, dass die asketische jüdische Gemeinschaft in der Wüste um Qumran, die sogenannten Essener, das Henochbuch gekannt hatten und dass es mindestens 100 Jahre vor Jesu Geburt geschrieben worden war. Teile davon könnten sogar aus einem der ältesten Bücher der Welt stammen, das möglicherweise viertausend Jahre alt ist.

Im Internet kann man auch sehen, was mit solchen apokryphen Büchern alles angestellt wird. Sie laden ein zu Lesarten und Auslegungen in oft bizarre Richtungen. In einem unüberschaubaren Gewirr von Blogs, Websites und Artikeln werden Henoch sowohl außerirdische und übermenschliche als auch dämonische Züge zugeschrieben – neben dem Wikipedia-Eintrag gibt es Auslegungen, die von „Zeugen Jehovas" stammen, von modernen Gnostikern, von Theosophen, von diversen UFO-Gläubigen …

Doch es ist besser, die Originaltexte selbst nachzulesen. Im apokryphen Henochbuch wimmelt es von Engeln, Riesen, Paradiesbäumen, kosmischen Untergangsszenen, Schilderungen vom Jüngsten Gericht, einem anbrechenden Glauben an die Auferstehung und Vorstellungen von der Zeit auf der Erde vor Noah. Mehrere Kapitel beinhalten prophetische Vorhersagen, eines bietet einen ausführlichen (und originellen) Bericht über astronomische Erkenntnisse, wie sie in vorgeschichtlicher Zeit im Nahen Osten kursierten.

Ich schätze das Henochbuch wegen seiner bitteren Kultur- und Gesellschaftskritik. Sie wäre heute ähnlich aktuell. Ich erfahre zum Beispiel, dass eine „Gestalt" mit Namen Gadreel verschiedene Tötungsarten für Kinder propagiert und den Menschen beibringt, Todeswerkzeug, Panzerhemd, Schild und Schwert herzustellen und damit umzugehen. Und die Menschen waren mehr als willig, sich unterrichten zu lassen. Henoch klingt bitter, als er davon erzählt.

Eine andere Figur, so erzählt das Henochbuch, hieß Penemue und „lehrte die Menschen das Schreiben und den Gebrauch von Tinte und Papier. Als Folge davon wichen Unzählige vom richtigen Weg ab … Denn die Menschen sind nicht geboren, um ihren Glauben durch Tinte und Papier zu bestätigen, sondern sie wurden erschaffen, um wie Engel gerecht und rein zu bleiben … aber durch ihr Wissen gehen sie zugrunde, und durch die Macht, die sie gewinnen, werden sie vernichtet." Es sieht ganz so aus, als ob das Henochbuch seine eigene Begrenzung erkennt …

Was mich schließlich an diesem besonderen Buch am meisten fasziniert, ist jedoch die Sprache. Henoch, der von seinen Visionen berichtet, sieht „ein Kristallschloss, mit Feuer und Eis". Und er erblickt „zwei Feuerstrahlen, glitzernd wie ein Hyazinth". Er beschreibt astronomische Fakten und Gesetzmäßigkeiten im Kosmos mit einer künstlerischen und poetischen Ader, wie sie in Zeiten des Internet selten geworden ist.

Das ganze Universum, so meint der Verfasser des Henochbuches, gründet auf einer Vereinbarung zwischen Gott und der Welt, und Gott bricht sie niemals: *„Durch diesen Eid vollenden die Sterne ihren Lauf, und wenn ihre Namen gerufen werden, geben sie ihre Antwort von Ewigkeit zu Ewigkeit"* (Henoch 69,21). Das ist schön gesagt.

Was soll man nun davon halten? Ich glaube, das Henochbuch ist Widerschein einer alten – bei uns in Europa fast vergessenen – Tradition, dass ein Mann etwas anderes sein kann als ein Krieger, ein Frauenheld oder ein Karrierist. Henoch erweist sich in dem Buch als Kulturträger und Wegweiser.

Aber trotz allem bleibt der kurze biblische Text im Buch Genesis mein Favorit. Er hat besonderes Gewicht gerade durch seine Kürze. Er sagt das Wichtigste mit nur wenigen Zeilen: Das Leben eines Mann kann auch dann vollständig sein, wenn er nichts erschaffen hat, was in unseren Augen „Bestand" hat. Er ist es wert, in der Erinnerung zu bleiben, auch wenn er nicht einmal eine Veranda gebaut hat. Weil sein ganzes Leben Gemeinschaft mit Gott war.

Es sieht so aus, dass es Gott wohl einfach gefallen hat, dass Henoch da war. Wie viele Männer haben einfach Gefallen daran, dass es sie gibt?

Jakob Isaaks Sohn
Erwachsen werden

„Lass mich los", sagte der Mann,
„es dämmert schon!"
Aber Jakob antwortete:
„Ich lasse dich nicht los,
bevor du mich segnest." …
Da sagte er: „Du sollst nicht länger
Jakob heißen, sondern Israel,
denn du hast mit Gott und den Menschen gekämpft,
und du hast gesiegt."

Genesis / I Mose 32,27–28

Fräulein Molin schlug das grüne Buch zu, aus dem sie vorgelesen hatte, und sah uns Kinder im Klassenzimmer an. Das war im Jahr 1957. „Erinnert euch immer daran, Kinder, dass man niemals auf seine Geschwister neidisch sein darf."

Sie hatte die Geschichte von den zwei Brüdern Esau und Jakob vorgelesen und war gerade damit fertig geworden.

Die 1950er-Jahre, das war ein merkwürdiges Jahrzehnt, das zwischen Moderne und Tradition schwankte, und es zeichnete sich bereits ab, dass die Moderne siegen würde. Als ich in die Grundschule ging, begann man den Schultag immer noch mit dem Singen von Kirchenliedern. Doch nicht einmal das Harmonium und unsere dünnen Stimmchen, die mit „Deine helle Sonne geht wieder auf" loslegten, konnten an dieser Aussicht etwas ändern, und das war auch nicht die Absicht.

Fräulein Molin trat das Pedal, und die Sonne schien über den neu gestrichenen Bänken, so dass man fast annehmen konnte, sie war es, die die Sonne über den Horizont hochpumpte. Das Unterrichtsfach hieß „Christliche Unterweisung", nicht Religion, und sie las uns jeweils aus zwei grünen Büchern vor: *Der wunderbare Garten* und *Der neue König;* es war die Bibel, nacherzählt für Kinder von Ester Salminen.

Ester Salminen besaß die seltene Gabe, für Kinder schreiben zu können, ohne dabei sentimental oder moralisch zu sein. Sie erzählte nur, würdig und einfach, mit großem Respekt vor der Ernsthaftigkeit der Kinder und ihrer Kompetenz, mit geistlichen und existenziellen

Fragen umzugehen. Ich denke manchmal an diese, aus heutiger Sicht exotischen, Morgenstunden zurück, und egal was darüber gesagt wird, wir wurden trotz allem nicht unterschätzt. Wir wurden Teil eines großen Kulturschatzes mit all diesen Erzählungen und Liedern – sprachlich und inhaltlich. Die Erwachsenen übergaben uns ein Erbe, dessen Wurzeln ins Mittelalter reichen, ja sogar bis in die Vorzeit im Nahen Osten, und trauten uns zu, dass wir in der Lage waren, dieses Erbe für uns anzunehmen. So als ob wir schon etwas verstanden, bevor wir sangen.

Wir waren sieben Jahre alt und hatten gerade lesen gelernt. Jetzt standen wir und sangen: „Hier fließt eine Quelle, selig, wer sie findet, sie ist tief und klar, verborgen und doch offenbar." Niemand wusste, was das Wort „offenbar" bedeutete. Aber die Melodie schwebte durch uns mit ruhigem Takt. Und die Erzählungen brachten uns in Verbindung mit etwas völlig anderem als Vorgärten, Laternenpfählen, Schulessen und Polioimpfung – eine wilde, abgründige, fremdartige Welt, in der alle andere Namen trugen als wir sie aus der Familie oder Schule kannten.

Esau und Jakob waren Zwillinge, die die ganze Zeit miteinander stritten. Ihre Mutter hieß Rebekka, und sie versuchte alles zu tun, damit sie sich vertrugen. Aber man merkte, dass sie Jakob lieber mochte. Vor allem, als sie Jakob überredete, seinen Vater Isaak zu hintergehen. Jakob gab sich als sein Bruder Esau aus und bekam so von seinem alten, blinden Vater den besonderen Segen, der eigentlich dem ältesten Sohn, Esau, zugestanden hätte.

Das war hässlich. Wir waren sieben Jahre alt und wussten genau, was man tun darf und was nicht (niemand ist so rigide und genau, was Regeln und Moral betrifft, wie Kinder im Grundschulalter, die alles ganz frisch gelernt haben). Deshalb empörte uns, dass Gott später Jakob half, obwohl der immer noch auf verschiedene Weise ein Betrüger war. Das verletzte unser Gerechtigkeitsempfinden. Wie kann Gott jemandem helfen, der so *falsch* gehandelt hat.

Wir waren noch längst nicht in der Lebensmitte angekommen und hatten noch keine Ahnung davon, dass Tage kommen können, an denen wir aus höchst persönlichen Gründen verzweifelt sind und einen Gott brauchen, der die nicht aufgibt, die etwas falsch gemacht haben. Wir fanden auch nichts Verwunderliches daran, dass Fräulein Molin uns ermahnte, nicht neidisch zu sein. Das war ein wichtiger Teil der Volkserziehung, der notwendig war auf dem Weg zum neuen, solidarischen Wohlfahrtsstaat. Aber ein wenig von dem magischen Goldstaub fiel herunter von der Erzählung, als sich herausstellte, dass sie von einer so einfachen Sache wie dem Neid unter Geschwistern handelte. Die Frage nach der unbegreiflichen Gottesgegenwart im Leben Jakobs, trotz all seiner Falschheit, blieb unbeantwortet und wurde vergessen.

Das änderte sich erst, als ich längst erwachsen war und den Auftrag bekam, ein Oratorium über einige Personen aus den biblischen Erzählungen zu schreiben. Jetzt war ich gezwungen, die Texte ohne Fräulein Molins Anleitung und ohne Ester Salminens wohl abgewogene Nacherzählungen zu schreiben. Es war eine lange

Zeit vergangen, seit ich sie zum ersten Mal gehört hatte. Ich entdeckte, dass die Geschichten nicht von Kindern handelten und sich eigentlich auch nicht an Kinder richteten. Sie handelten von erwachsenen Menschen und waren auch für solche geschrieben – für komplizierte, geschlechtsreife Personen, mit ihren Fähigkeiten und Kompetenzen, Berufen und Ausbildungen, die für sich selbst sorgen konnten und trotzdem schon ein wenig vom Leben durchgeschüttelt waren.

Wer war eigentlich dieser Jakob? Ich begann zu lesen und staunte über das, was ich fand. Er war, wie gesagt, der Sohn von Isaak. Isaak, der unglückselige „verheißene Sohn" – geboren, als seine Eltern Abraham und Sara schon viel zu alt waren, um ein Kind bekommen zu können. Aber Gott lässt sich nicht an seinem Vorhaben hindern, auch wenn es unmöglich erscheint, das wird deutlich, wenn man das Buch Genesis liest. Dort findet man die ganze Erzählung von Jakobs Geschlecht – ein Familiendrama über Generationen! Darum muss ich hier etwas ausholen und von Isaak, Jakobs Vater, berichten.

Wenn Gott die Welt aus dem Nichts erschaffen hat, ist es auch vorstellbar, dass Sara ein Kind bekam, auch wenn sie schon alt war und nicht mehr hatte, „was Frauen haben müssen" (das heißt, ihre Monatsblutung). Das ist die innere Logik dieser Erzählung. Und wie meistens ist keine Einzelheit unwichtig. Isaak zum Beispiel bedeutet „der Lächelnde" oder „der Lachende", und vermutlich kommt er spät im Leben, aber mit Freuden, zu seiner Mutter. Es war sicher nicht leicht für Sara, als sie Jahre später zuschauen musste, wie Abraham den Sohn nahm und mit ihm auf den Berg Moria stieg, um ihn dort gefesselt auf einen Scheiterhaufen zu legen. Abraham war davon überzeugt, dass dies der Wille Gottes war – und die Erzählung führt aus, dass damit sein Vertrauen in Gott auf die Probe gestellt werden sollte. Gott hatte ja Abraham versprochen, dass er der Ursprung eines großen Volkes werden sollte, mit Isaak als dem Erstgeborenen in diesem Volk. Doch wenn dieser Sohn durch die Hand von Abraham sterben würde, wie sollte da das Versprechen eingelöst werden können? Jetzt stand Abraham vor der äußersten Glaubensprobe.

Um sich so etwas Furchtbares zu trauen, muss man wohl mindestens glauben, dass Gott Tote auferwecken kann – so haben viele Ausleger gedacht, als sie diesen Text lasen. Christen haben in Abraham ein Vorausbild des göttlichen Vaters gesehen, der seinen Sohn Jesus zu opfern bereit war. Ein Einwand gegen diese Auslegung wäre der Schluss der Geschichte, als Gott Abraham daran hindert, die Tat auszuführen. Abraham opfert stattdessen ein Tier, das in letzter Minute auftaucht. Er bindet den Jungen los, und zusammen gehen sie wieder nach Hause.

Als Frau habe ich – einmal von aller denkbaren Theologie ganz abgesehen – vieles einzuwenden gegen Abrahams Wanderung mit dem Jungen hinauf zum Berg Moria (darüber habe ich auch in meinem Buch *Ich hörte Saras Lachen geschrieben*). Wusste Sara, was hier vor sich ging? Wäre ich dort gewesen, ich hätte alles getan, um es zu verhindern. Ich hätte verhandelt, mit Gott und mit Abraham. Und meine Position wäre eindeutig gewesen: Die Mutter bin immer noch ich!

Man kann die Erzählung natürlich auch als Illustration lesen, wie sehr ein Mann von seinem „Projekt" besessen war – in diesem Fall von einem religiösen Projekt – und dass sein Kind um der Sache willen geopfert werden musste. Opfer für den Krieg, die Politik, für das Geschäft, die Forschung, das neue Gemeindehaus, das Vereinsleben und nicht zuletzt für den Beruf, für den viele Väter ihre Kinder vernachlässigt haben, was sie später im Leben bitter bereuten. (In diesem Dilemma befinden sich die Frauen heute genauso.) Auf der anderen Seite ließe sich diese Geschichte aber auch psychologisch deuten, als Bild dafür, dass es gefährlich ist, sich an die eigenen Kinder zu klammern und sie als Eigentum zu betrachten, so herbeigesehnt und geliebt sie auch seien. Die Illusion aufzugeben, sein Kind zu besitzen, kann genauso wehtun, wie wenn man gezwungen würde, das Messer in das Liebste zu stoßen, das man hat.

Doch so eine Lesart wäre ein Anachronismus, obwohl sie einiges für sich hätte und zum Weiterdenken anregen könnte. Zumindest, wenn sie die einzige Auslegung dieses sehr alten Textes wäre. Bibelwissenschaftler sehen in der Erzählung eine deutliche Stellungnahme der Bibel gegen die Praxis von Kinderopfern. Die Geschichte widerspiegle eine Auseinandersetzung mit dem Kinderopfer, das zu Abrahams Zeit in seiner Umgebung praktiziert wurde und das vielleicht auch in seiner früheren Heimat eine Rolle gespielt hatte. Die Erzählung sagt also: Es ist genug! Und dieser Kommentar sollte heute ebenso aktuell sein, wenn ich an Kindersoldaten, sexuellen Kindesmissbrauch und Kindersklaverei denke.

Nach dem Vorfall am Berg Moria bleibt es mehrere Kapitel lang still um Isaak. Dadurch stellen sich erst recht Fragen, die zum intensiven Nachdenken anregen: Was passierte hinterher mit Isaak? Wie sah es aus seiner Perspektive aus? Es ist nicht schwer sich vorzustellen, dass Isaak für sein Leben gezeichnet war durch das fast durchgeführte Opfer. Als seine Mutter Sara stirbt, taucht Isaak in der Erzählung wieder auf. Er ist niedergeschlagen. Zwischen Mutter und Sohn muss sich wohl eine besondere Beziehung entwickelt haben.

Abraham erkennt die Situation und besorgt eine schöne, starke und junge Frau für Isaak: die selbstständige Rebekka. Sie zieht in das Zelt, in dem vorher Sara lebte, und tröstet Isaak in seiner Trauer.

Isaak und Rebekka bekommen Zwillinge, Esau und Jakob. Sie sind gleich alt, aber Esau wurde zuerst geboren und deshalb als ältester Sohn betrachtet – eine unerhört privilegierte Stellung in einer Familie jener Zeit und Kultur. Er trägt das Erbe des „Erstgeburtsrechts", für die Zukunft, für die wichtigen Entscheidungen. Damit verbunden ist ein besonderer Segen durch den Vater, Isaak. Alle Erwartungen in der Familie sind auf den ältesten Sohn konzentriert. Das andere Kind kann niemals so hervorragend werden, auch wenn es seinen gegebenen Platz einnimmt. Der Konflikt zwischen den Brüdern ist bereits in der ersten Stunde vorgezeichnet.

In den 1980er-Jahren schrieb ich den Text zu einem Oratorium, das unter anderem von Jakob handelt. In ihm lasse ich Jakob sich selbst auf die folgende Weise vorstellen:

Dass der Mensch frei ist, hat mir jemand gesagt.
Wenn das so ist, dann ist mein Leben eine Ausnahme.
Mein Vater war Saras Kind; er hieß Isaak –
der Name bedeutet „Der immer lächelt".
Ein Lächeln, das glänzt wie eine Messerklinge
in jedem Kind, das in dieser Familie geboren wird.

Ich weiß: Ich habe einen Vater, der im letzten Augenblick
vom schuldlosen Opfertod verschont wurde.
Ich bin ein Überlebender geworden,
aber ohne den Stolz, selbst wählen zu können.
Ich bin das zweite Kind von Isaak.
Sieht jemand eine Verheißung in seinem zweiten Kind?
Wer immer nur vererbte Kleider tragen durfte,
muss betrügen können, um „er selbst" zu werden.

Als ich die letzte Zeile geschrieben hatte, erkannte
ich etwas: Hier war die Erklärung, warum ich immer
so empört war über Jakob. Ich bin selbst das zweite Kind
in der Geschwisterschar gewesen. Und vielleicht war ich
als Kind deshalb so wütend über Jakobs Betrug, weil ich
mich darin selbst erkannte – mich und meine Muster im
Überlebenskampf und in der Revanche gegenüber einer
älteren Schwester.

Jakob ergaunert den Segen seines älteren Bruders,
landet in einem tödlichen Konflikt und ist zur Flucht
gezwungen. Er arbeitet 14 Jahre lang für seinen Onkel
Laban, verliebt sich in Labans Tochter Rahel, wird just
in der Hochzeitsnacht hereingelegt (von ihrer älteren
Schwester Lea!), lernt hart zu arbeiten, für sich selbst
zu sorgen, Ehemann und Vater zu sein. Als die Kinder

heranwachsen, erwacht seine Erinnerung an das Vergangene. Jakob bekommt Sehnsucht nach zu Hause. Er geht das Risiko ein, Esau zu begegnen, wohl wissend, dass der Bruder das Recht hätte, ihn zu töten. Aber die Sehnsucht, ihn wiederzusehen, ist größer als seine Angst.

So holt er alles zusammen, was er hat – Vieh, Besitztümer, Familienmitglieder – und macht sich auf den Weg, beladen mit Geschenken für Esau.

Für mich handelt Jakobs Erzählung davon, ein erwachsener Mann zu werden. Jakob geht durch eine klassische Midlife-Krise. Nun hat er alles gelernt, was nötig ist, um lebenstauglich und selbstständig zu sein. Er weiß, wie kompliziert das Leben sein kann. In vielen Jahren hat er sich eine Existenz aufgebaut, er hat gelernt, zu arbeiten und Verantwortung zu übernehmen. Er ist betrogen worden und musste akzeptieren, dass sich das Leben anders entwickelt hat als erhofft. Er hat geliebt, bis es wehtat, und er bekam eigene Kinder. Kinder, die ihn daran erinnerten, warum er von zu Hause geflohen war. Es ist Zeit zur Versöhnung mit der Vergangenheit und Zeit für die zweite Hälfte seines Lebens.

Jakob steht an der Furt, die ihn von der Vergangenheit trennt. Da schickt er seine Frauen hinüber, seine Kinder, seine Diener, seine Geschenke und sein Vieh. Er bleibt allein zurück und erwartet die Nacht. Beim Erwachsenwerden kann man keine Hilfe von anderen annehmen.

In dieser Nacht ringt Jakob mit einem Fremden. Ist es Esau, mit dem er in einer inneren Abrechnung kämpft?

Vater oder Mutter? Oder sein eigener Schatten? Ein Engel? Oder vielleicht ein Dämon? Die Erzählung behauptet, dass Jakob mit Gott kämpft. Der Fremde, mit dem er ringt, will nicht als Erster seinen Namen nennen.

In dieser Nacht wird Jakob erwachsen. Er wird erwachsen, weil er zum ersten Mal zu glauben wagt, dass es einen eigenen Sinn – einen eigenen Segen – für sein Leben gibt. Er muss nicht schmarotzen vom Lebenssinn anderer, sondern hat das Recht, seinen Anspruch auf einen eigenen Sinn geltend zu machen. „Ich lasse dich nicht los", sagt er dem Fremden, „bevor du mich segnest." Jetzt wagt er, sein eigenes Leben zu fordern – und ist bereit, den Preis dafür zu bezahlen. Jakob kommt nicht unbeschadet aus dem Kampf hervor. Aber er bekommt, was er will. Der Fremde erklärt, Jakob habe mit Gott gekämpft – und gewonnen.

In dieser Erzählung begegnet mir ein Gott, der keine Angst davor hat, dass ich erwachsen werde. Er hat keine Angst vor meinen Möglichkeiten, meinem Widerspruch, meinen Verirrungen, vor dem Riss in meinem Leben zwischen Vernunft und Leidenschaft. Er hat Zeit zu warten, bis ich an der Furt zur Vergangenheit stehe und einsehe, dass ich danach fragen kann, was das Besondere an mir selbst ist, statt zu resignieren, wegzulaufen oder auf Kosten anderer zu leben. Jakob bekommt den Schlüssel, um seine Erfahrungen beim Erwachsenwerden verstehen zu können. Er traut sich, die Beziehung zu Gott fortzusetzen, weil er erkennt, dass sie ihm Raum zum Wachsen gibt.

„*Als ich Kind war*", so schreibt ein Mann mit Namen

Paulus (mehr über ihn später in diesem Buch), *„da dach-te ich wie ein Kind. Aber als ich erwachsen wurde, legte ich ab, was kindlich war. Ich trat in ein mündiges Leben ein. Es wird der Tag kommen"*, so setzt Paulus fort, *„an dem ich beides ablege, das Kindliche und das Erwachsene. Das wird sein, wenn ich die ganze Wirklichkeit von Angesicht zu Angesicht sehen und erkennen werde – so wie Gott mich kennt"* (1 Korinther 13,11–12).

Jakob ging durch die Furt und betrat das Territorium von Esau. Er hatte Angst, aber er besaß jetzt eine neue Lebensgrundlage. Er hatte sein eigenes Leben erobert und empfangen, seine eigene Integrität, seinen eigenen Segen. Nun hatte er ein eigenes Fundament. Darum war er nicht länger eine Bedrohung für seinen Bruder. Würde Esau das erfassen? Das Buch Genesis erzählt von dem Treffen. Esau kommt Jakob entgegen, erblickt die Geschenke, Frauen, Vieh und Kinder. Jakob wartet ab.

„Wer bist du?", fragt Esau.

„Jakob", antwortet Jakob, der in dieser Nacht auch einen neuen Namen bekommen hat: Israel. Der Name bedeutet: Der mit Gott gerungen hat.

„Hier bin ich, und hier sind meine Kinder."

Die Brüder treten näher aufeinander zu, und zum ersten Mal seit vielen Jahren sehen sie sich von Angesicht zu Angesicht. Sie umarmen sich. Sie weinen.

Jakob, Isaaks Sohn

Gott misst seine Stärke mit der des Menschen
voller Sehnsucht, überwunden zu werden,
wir flüchten in die eigene Schwäche, aber der Herr ist stark
und lässt unsere Stärke zu.

Wenn der Morgen dämmert, stehen wir noch zitternd da
mit einem Schlag auf die Hüften, o wie das brennt!
Das eigene Leben als Beute gewinnen ist so schwer,
doch der Herr kennt unseren Hunger.

Gott sucht seinesgleichen im Menschen.
Bist du deiner Verzweiflung treu,
dann wird sie seinem Segen begegnen,
wenn die Zeit für eine Begegnung reif ist.

Aus dem Oratorium „Maria durch ein Dornwald ging"

Josef
Zukunftsträume

Als aber seine Brüder sahen,
dass ihr Vater Josef mehr liebte
als all seine anderen Söhne,
wurden sie mit Hass erfüllt
und konnten nicht mehr freundlich mit ihm reden.
Einmal hatte Josef einen Traum.
Als er den seinen Brüdern erzählte,
wurde ihr Hass nur noch größer.

Genesis / I Mose 37,4–5

Unten im Brunnen

Andere Sachen waren hinuntergeworfen:
ein Eselskopf, ein zerbrochenes Wagenrad,
von Schlamm bedeckt, das dunkle Haar einer Frau,
die am Morgen nach ihrer Hochzeitsnacht skalpiert
    worden war.
Schwarze Stunden rinnen die Wände hinab
ohne einen Laut. Heute Nacht
fühlt er sich glücklich, unten in der Tiefe noch am Leben
    zu sein,
und er hebt sein Gesicht dem herabfallenden Regen
    entgegen.

Im Morgengrauen landet etwas an Josefs Füßen.
Es dauert einige Zeit, bis er es berühren kann
    − ein Kind,
so klein, kalt und blau, mit einer dünnen
Nabelschnur, die aus dem Magen baumelt. Warum
hat er nicht davon geträumt, fragt er sich,
statt von Garben aus Gold und Himmelslicht,
die sich vor ihm niederbeugten?

Wenn er die Seilwinde dort oben knarren hört,
will er sich selbst wünschenswert machen,
zum Wasser werden, das jemandem zum Mund
    emporschwebt;
er wird zum Salz der Erde, das emporsteigt.
Er zwingt sich zu träumen,
dass er tief unten in einer Kehle aus Stein ist,
die ihn ausspeien wird, wenn er die Worte findet,

die er sprechen muss, damit der Esel wieder ganz ist
und sich im Staub des Dorfweges rollt,
das Kind wieder in den Armen schaukelt,
die es halten wollen,
die Frau in seinem Zelt erscheint, auf Knien über ihm
steht
und sein Angesicht in ihre langen dunklen Haare hüllt.

Lorna Crozier

Dieses schöne und trotzig traurige Gedicht handelt unter anderem vom Vertrauen in die Kraft der Träume, die Welt zu verändern. Ein geeignetes Gedicht als Einleitung für ein Porträt, in dem es um die Geschichte von Josef geht. Er ist einer der jüngsten Söhne Jakobs, und zweifellos der, den er am meisten liebte.

Josef war der Sohn von Rahel, der Frau, die Jakob so sehr liebte und für die er kämpfen musste, um sie heiraten zu dürfen. Vorher hatte Jakob schon mehrere Kinder mit seiner ersten Frau Lea, der Schwester von Rahel. Er hatte Lea niemals erwählt – sie wurde ihm von Laban „angedreht", dem Vater Leas und Rahels.

Jakob kann nicht genug bekommen von seinem Lieblingssohn. Er macht ihm Geschenke, von denen die anderen Brüder nicht einmal träumen können. Ein schön bestickter Mantel, zum Beispiel – ein wahres Luxusstück, das gar nicht in den Arbeitsalltag passt, in dem die Geschwister die Schafe der Familie hüten.

Josef sieht einfach affig aus, finden die Brüder – und es ist gut möglich, dass sie damit recht haben.

Ein Kind zu bevorzugen ist eine ernste Sache; es fügt Wunden zu, sowohl beim Lieblingskind als auch bei den Geschwistern. Die Erzählung von Jakobs Sohn Josef (Jakob hatte zwölf Söhne) erscheint auch deshalb bemerkenswert aktuell, weil Jakob mit zwei Frauen (gleichzeitig) verheiratet war und mit vier Müttern (seinen beiden Frauen und deren Mägden) Kinder hatte. Josef hatte daher nicht dieselbe Mutter wie die anderen. Seine Situation mit Kindern aus verschiedenen Ehen ist heute häufig anzutreffen – Stieffamilien und Halbgeschwister können ein Lied davon singen, was es bedeutet, um die Aufmerksamkeit der Eltern zu konkurrieren. Natürlich findet sich diese Problematik auch in traditionellen Kernfamilien. Ein Kind den anderen vorzuziehen ist eine Art Tabu für Eltern – und trotzdem geschieht es.

Josef ist schon ein wenig „anders". Er geht seine eigenen Wege und lebt intensiv in einer Fantasiewelt. Sicher beruht das sowohl auf Talent als auch auf äußeren Einflüssen. Die äußere Welt ist widerspruchsvoll; es ist nicht leicht, in den Augen des Vaters so besonders zu sein, und von den Brüdern verachtet – oder besser gesagt: beneidet – zu werden. Josef nimmt Zuflucht in seiner inneren Welt; aber die Talente, die er dabei entwickelt, machen ihn nur noch mehr zum Außenseiter unter den Geschwistern. Und bald befindet er sich in einer Lage, in der er mit gar nichts mehr in den Augen der anderen Gnade finden kann. Der Brüder Neid führt zu Bitterkeit und Hass – nicht gegen den Vater Jakob, was eigentlich logisch gewesen wäre! Aber Kinder tun fast alles für eine gute Beziehung zu ihren Eltern, weil sie von ihnen abhängig sind. Stattdessen bezieht Josef die Prügel.

Die Brüder mobben Josef heimlich. Aber eines Morgens ist es kurz davor, dass sie offen gegen ihn vorgehen, obwohl Vater Jakob dabei ist. Sie sitzen gemeinsam bei der Morgengrütze, während die Sonne noch gegen den Tau auf dem Gras kämpft. Die Schafe blöken draußen, weil sie auf die Weide wollen, und man hat keine Zeit mehr, hier noch länger herumzusitzen. Da öffnet dieser verrückte Josef den verhätschelten Mund und macht sich wichtig mit einer umständlichen Schilderung seines nächtlichen Traumes:

„Ratet mal, was ich heute Nacht geträumt habe! Ich träumte, dass ich über den Acker ging. Dort waren elf Weizengarben, die sich vor mir verbeugten!"

Ich vermute, dass die elf Brüder sich vielsagende Blicke zuwerfen. Jetzt beginnt das kleine Brüderchen größenwahnsinnig zu werden. Will er uns etwa zum Besten halten? Sie murren, als sie hinausgehen, um ihre morgendliche Arbeit zu tun. Jakob streicht sich durch den Bart und tut so, als hätte er nichts gehört. Der Junge ist ja schon ein wenig ungewöhnlich, können sie ihn nicht in Frieden lassen? Vielleicht wird er einmal Dichter – oder Prophet?

Aber als er am nächsten Morgen wieder beginnt und erzählt, dass er sich selbst als Stern weit oben am Firmament gesehen hat, und Sonne, Mond und elf Sterne sich vor seinem Glanz verbeugten, da wird es selbst für Jakob zu viel. Vielleicht wird er unangenehm erinnert an einen anderen jungen Mann – mit nur einem Bruder, einem etwas älteren Zwillingsbruder, nämlich Esau! –, der einmal einen Platz einnehmen wollte, der ihm eigentlich nicht zustand ... Jakob haut mit der Faust auf den Tisch und schlägt ausnahmsweise einmal einen scharfen Ton gegenüber seinem Lieblingssohn an: „Sitzt du da und glaubst, es sei noch nicht genug, wenn deine Brüder sich eines Tages vor dir verbeugen – jetzt sollen auch noch deine Mutter und dein Vater zu deinen Bewunderern gehören? Schäm dich!"

Die Brüder brummeln drohend, als sie losziehen, um für die Schafe zu sorgen. Josef geht nicht mit, erst mehrere Tage später wird er von Jakob zu den Brüdern geschickt. Als er näher kommt, erkennen sie, dass er seinen feinen Mantel trägt. Nein, wie hübsch! Wo hat er die Arbeitskleidung? Josef selbst ahnt nichts. Er ist nur glücklich, dass er von seinem Vater den Auftrag bekommen hat, nach seinen Brüdern zu sehen und festzustellen, ob dort alles in Ordnung ist.

„Dort kommt der Träumer. Los, wir schlagen ihn nieder!"

Wer sagte das? Niemand. Schnell lodert die Bitterkeit unter ihnen allen. Sie hetzen sich gegenseitig auf.

Josef erblasst vor Furcht, als sie ihn ergreifen und im Triumphzug forttragen. Jetzt geht's ihm an den Kragen! Doch im letzten Augenblick kommt einer von ihnen zur Besinnung. Ihre Tat würde nur Jakob zerschmettern, so würden sie nie seine Gunst gewinnen. Die Luft ist schon halb raus aus dem mörderischen Projekt. Aber eine Lektion wollen sie ihm auf jeden Fall erteilen. Nach einigen wirren Vorschlägen, was sie mit dem kleinen Bruder – der sich nicht einmal mehr traut zu weinen – machen könnten, einigt man sich darauf, ihn in der Nähe in einen Brunnen zu werfen. Geschieht ihm ganz recht! Da kann er ein Weilchen liegen, bis ihn jemand findet.

Und Jakob soll wirklich erkennen … (ja, so richtig hatte man darüber nicht nachgedacht, aber ein Denkzettel für den Vater sollte es wohl auch sein).

Ruben, der Bruder, der den Vorschlag mit dem Brunnen gemacht hatte, hat einen heimlichen Plan: Wenn die anderen Brüder weitergezogen sind, will er zurückkommen und Josef heraufziehen. Während die Brüder Josef den feinen Mantel herunterreißen und ihn in den tiefen Brunnen werfen, schleicht sich Ruben unbemerkt in eine andere Richtung davon mit der Absicht, später heimlich umzukehren und seinem Bruder zu helfen.

Die Brüder sind noch in der Nähe des Brunnens, als sie eine kleine Karawane treffen, die unterwegs nach Ägypten ist. Jetzt ist es Juda, einer der älteren Brüder, der den unglücklichen Impuls bekommt: Wir kehren um und verkaufen Josef als Sklaven an diese Kaufleute! So haben wir wenigstens noch einen Nutzen von diesem Nutzlosen. Wir spritzen etwas Blut von einem Schafbock auf seinen Mantel und zeigen es unserem Vater – dann glaubt er bestimmt, ihm sei ein Unglück passiert, durch ein Raubtier oder etwas Ähnliches. Und so verdächtigt er uns nicht, dass wir Josef einen Streich spielen wollten.

Ruben kehrt später zurück – und findet den Brunnen leer.

Josefs Reise nach unten beginnt. Es dauert vermutlich einige Zeit, bis der Schock, den der Übergriff der

Brüder ausgelöst hat, wieder nachlässt. Die Erzählung von Josef und seinen Brüdern ist ein ganzer Roman in der Bibel – und der bedient sich aller Erzähltechniken, die für eine richtig fesselnde Geschichte wichtig sind.

Dazu gehört die klassische Dramaturgie von Erniedrigung und Erhöhung. Es heißt, dass es im Grunde nur zwei grundlegende Erzählmuster in unserem Kulturkreis gibt – jenes von Erniedrigung und Erhöhung (alle Geschichten von Jesus bis Aschenputtel) und jenes von Exil und Heimkehr (alle Geschichten von *Odysseus* bis *Nils Holgerssons wunderbare Reise*).

Die Josef-Erzählung zeigt auf jeden Fall eine Spirale, die von einem Punkt der Erhebung aus Runde um Runde nach unten führt – so wie man in einem Brunnen hinuntersteigt bis zum Grund. Das ist einfach unerträglich spannend, und ich muss aufpassen, dass ich mich nicht im Nacherzählen verliere und dabei vergesse, über das Gelesene zu reflektieren!

Zuerst ist Josef Favorit, im nächsten Augenblick wird er gemobbt. Wie verarbeitet er das? Dann gerät er in Lebensgefahr. Er wird verstoßen und ins Dunkel niedergeschleudert, hinunter in den Brunnen. Was gibt ihm in diesem Trauma noch Halt? Dann wird er verraten, als Sklave verkauft und fortgeschafft, hinunter nach Ägypten. Eine kleine Verschnaufpause wird in der Erzählung eingelegt, als er Sklave im Haus des Potifar wird, eines Offiziers von hohem Rang im Reich des Pharao. Aber Josef, der ein hübscher Einwandererjüngling ist, wird nicht in Ruhe gelassen von der lüsternen (und sexuell frustrierten?) Offiziersfrau. Als sie nicht bekommt, was sie will, klagt sie ihn wegen Vergewaltigung an. Und

Josefs Weg führt weiter nach unten – unschuldig verurteilt landet er im Gefängnis. Auf dem Grund.

Da wendet sich die Kurve. Es sind die Träume, die Josef aus der Tiefe emporheben. Einige seiner Mitgefangenen erzählen ihm ihre sonderbaren Träume. Einer von ihnen ist Oberhofbäcker (so heißt das doch wohl?), und Josef versteht, was dessen Traum von Brot und Vögeln bedeutet, nämlich dass der Pharao ihn hinrichten lassen wird. Der andere ist Mundschenk am Hofe, der die Aufsicht über die königlichen Weinkeller führt. Sein Traum bedeutet, dass er freikommen wird, erklärt Josef. In beiden Fällen zeigt sich, dass er mit der Deutung der Träume richtig liegt. Der Mundschenk verspricht, ein gutes Wort beim Pharao einzulegen, wenn er wieder in Freiheit ist. Träume, das Unwichtigste, was man sich vorstellen kann, werden ein Werkzeug zum Überleben! Fantastisch! Nun ... da kam mein Jubel etwas zu schnell. In Wirklichkeit vergisst der königliche Mundschenk Josef, als er wieder in Freiheit ist. In einer richtig guten Erzählung kommt die Lösung natürlich nicht auf einmal.

Aber gerade dann, wenn man als Leser die Hoffnung aufgeben will, geschieht etwas Unerwartetes. Der Pharao beginnt zu träumen – sonderbare Träume. Von fetten Kühen und von mageren Kühen, die die fetten Kühe auffressen. Die Erkenntnisse von Freud waren zu der Zeit unbekannt, aber man nahm an, dass es sich bei gewissen Träumen um göttliche Vorboten handeln könne. So hört der königliche Mundschenk, wie der Pharao bei seinem morgendlichen Becher Wein etwas von seinen

Träumen murmelt. Da erinnert er sich plötzlich an den jungen Mann im Gefängnis, der so viel von Träumen verstand …

Josef deutet dem Pharao die Träume – es hat nichts Besonderes mit mir auf sich, sagt er, aber ich frage Gott, was sie bedeuten, er weiß es. Sie handeln von der Zukunft, sagt Josef. Es wird einige Jahre lang fantastische Ernten geben. Und danach kommt eine jahrelange Hungersnot. Deshalb muss klug geplant und es müssen Vorräte angelegt werden für die mageren Jahre.

Pharao nimmt Josef beim Wort und lässt ihn das gesamte nationalökonomische Projekt leiten, und es trifft genau so ein, wie die Traumprognose es gezeigt hat. Damit wird Josef der wichtigste Mitarbeiter des Pharao. Er bekommt eine ägyptische Erziehung, einen neuen Namen, und er wird vollständig in die neue Kultur integriert, in der er gestrandet ist. Die „Erhöhung" hat begonnen.

Aber es geht in dieser Erzählung nicht um einen alleinstehenden Mann, der durch positives Denken eine große Karriere macht trotz einiger Widrigkeiten (nun gut: trotz großer Schwierigkeiten). Die Erzählung hat keine individualistische Tendenz, obwohl sie von einer Person erzählt. Sie stellt Josefs Leben in einen bedeutend größeren, soziopolitischen Zusammenhang. Sein Leben hängt mit anderen zusammen. Durch Josefs Traumdeutung gelangt Ägypten in eine Lage, dass auch Nachbarstaaten, in denen Hunger herrscht, hier Unterstützung finden können.

Das Gerücht davon erreicht einige Jahre später den alten Jakob im Lande Kanaan, wo Missernten zu beklagen sind. Er schickt seine Söhne auf die risikoreiche Reise, um in Ägypten Hilfe zu suchen, wo immer noch genug Getreide vorhanden ist. Einen Sohn jedoch behält er zu Hause – den kleinen Benjamin, den zweiten Sohn Rahels. Die Trauer um Josef hat eine Narbe in sein Herz geritzt. Sollte den Brüdern auf ihrer Reise etwas zustoßen, hätte er wenigstens noch einen Jungen bei sich. Denn alle zu verlieren, das wäre zu viel für ihn.

Selbstverständlich weiß keiner der Söhne, wen sie am Hof des Pharao treffen, als sie dort ihre Bitte um Unterstützung vortragen. Es ist Jahre her, dass sie ihren jüngeren Bruder zum letzten Mal gesehen haben, und sie erkennen ihn nicht. Dagegen sieht Josef sofort, mit wem er es da zu tun hat. Und es muss ein merkwürdiges Gefühl für ihn gewesen sein, zu sehen, wie sich die Brüder vor ihm bis zum Boden verneigten ... in der Hoffnung auf Getreidegarben.

Welche Parallele zu seinem Kindheitstraum! Wäre das hier ein Groschenroman aus den 1950er-Jahren, hätte man annehmen können, dass jetzt „ein Kampf der strittigen Gefühle" in ihm toben würde. Wird er sich rächen? Oder wird er in Tränen ausbrechen und seinen ganzen Schmerz zeigen? Oder wird er mit seinen Brüdern ein Spiel spielen, damit sie sich schämen, wenn sie ihn erkennen?

Josef spielt ein Spiel, das ist wahr: als er so tut, als würde er die Brüder der Spionage verdächtigen. Als er sie Getreide kaufen lässt, aber heimlich das bezahlte Geld zurück in ihre Säcke legt. Als er sie zurückkommen lässt, dieses Mal mit Benjamin, sie zu einem prachtvollen Essen einlädt und ihnen dabei die Plätze zuweist, genau dem Alter nach (sie fragen sich, woher er wissen kann, wie alt sie sind).

Er beobachtet die Brüder und sieht, dass sie nicht neidisch sind, obwohl er Benjamin offen bevorzugt. Er schmuggelt einen Silberbecher in Benjamins Sack, entdeckt den „Diebstahl" und fordert, ihn zur Strafe als Sklave zu behalten, wenn die Brüder wieder nach Hause reisen. Da tritt Juda hervor und bittet für seinen kleinen Bruder:

„Nimm mich stattdessen! Mein Vater grämt sich zu Tode, wenn sein jüngster Sohn nicht zurückkehrt. Lass mich statt Benjamin Sklave sein."

Josef sieht ein, dass die Brüder sich verändert haben und viel reifer geworden sind. Damals war es Juda, der auf die Idee kam, Josef als Sklaven zu verkaufen. Jetzt ist er bereit, selbst erniedrigt zu werden, wenn er damit das Leben seines kleinen Bruders retten kann. Nichts ist mehr so wie vor Jahren. Der Traum von den Brüdern, die sich vor Josef verbeugen, ist in Erfüllung gegangen, und er hat tatsächlich eine Tiefe, die damals niemand geahnt hätte. Er handelte davon, dass das Leben den Verwöhnten und Bevorzugten trotzdem erwachsen machen kann, großzügig und verantwortungsvoll. Er, der „Unbrauchbare", konnte so allmählich zu einem Segen für die anderen werden. Der Traum handelte niemals davon, dass er „der Größte" auf Kosten der anderen werden würde, ohne auch ihnen eines Tages etwas geben zu können.

Wenn Risse in einer Familie oder Gruppe entstehen, leben die Getrennten oft weiter mit den alten, schmerzvollen Bildern voneinander. Sie können sich mit der Zeit so im Inneren verfestigen, dass Menschen bei einem Wiedersehen gar nicht mehr bemerken, wie sehr der andere sich inzwischen verändert hat. Das Alte steht im Weg. Manchmal so stark, dass es bei einem Wiedertreffen im Gegenüber die alten Muster hervorlockt, weil die Vorstellung, wie der andere einmal war, mit aller Kraft lebendig gehalten wird. Die Josef-Erzählung erhält eine besondere Pointe, als die Brüder eine Chance bekommen, Josef in seiner neuen Rolle zu erleben, ohne zu verstehen, wem sie da begegnen. Es macht sie frei, ihn zu sehen, wie er wirklich ist – und wie er mit den Jahren geworden ist. Auf der anderen Seite hat Josef reichlich Zeit, seine Brüder zu beobachten und wahrzunehmen, wie sie in der Gegenwart sind.

Vielleicht handelten Josefs kindliche Träume wirklich einmal von Revanche. Aber sie zeigten auch die Hoffnung, wahrgenommen zu werden und dazuzugehören. Josef träumte einen Traum von der Zukunft, der in Erfüllung ging – einen Traum, der am Ende nicht von Drohung handelte, sondern von Hoffnung. Der Traum hat sie alle zu diesem Zusammentreffen getragen. Unter allen unterschiedlichen Interessen, Bitterkeit und schmerzhafter Ich-Bezogenheit floss während der ganzen Zeit ein anderer Strom, und zwar in Richtung Heilung und Versöhnung.

Hier hört das Spiel auf. Josefs Maske wird zerrissen durch den indirekten Bescheid, dass Vater Jakob am Leben ist. Und Josef bricht in Tränen aus. Er ruft: „Ich bin Josef, euer eigener Bruder! Ist es wahr, dass unser alter Vater lebt?" (Genesis / 1 Mose 45,3).

Die Brüder sind vor Schreck wie gelähmt, als sie erkennen, wen sie da vor sich haben. Doch Josef spürt nicht den alten Schmerz über das, was sie ihm einmal angetan haben, wenigstens nicht in diesem Augenblick – er ist in Berührung gekommen mit fast vergessenen Gefühlen: der Liebe zum Vater, der Sehnsucht nach ihm. Und in diesem Licht erkennt er, dass auch das Böse, ohne es zu bagatellisieren, Teil eines größeren Sinnzusammenhangs war. Der Segen hat sie nicht verlassen, trotz der unglückseligen Bevorzugung eines Kindes durch den Vater, trotz des Neides der Brüder und seines eigenen aufgeblasenen Selbstbildes oder seiner Ahnungslosigkeit, trotz aller Unglücke und Widrigkeiten. Der Segen ist ihnen allen gefolgt wie ein unterirdischer Strom. Auch die Erniedrigung war ein Teil der Erzählung vom Segen.

„Ihr hattet Böses im Sinn gegen mich – aber Gott hatte Gutes im Sinn für uns alle. Gott erschuf etwas Gutes aus all dem, was wir erlebt haben." Der alte Jakob und alle Mitglieder dieses kleinen hebräischen Volksstammes (70 Personen, heißt es in der Erzählung) ziehen hinab nach Ägypten, bekommen Nahrung, Land und Sicherheit und leisten ihren Beitrag zur Entwicklung in ihrem neuen Heimatland, über viele Generationen hinweg. Und die eingewanderte Volksgruppe wächst unter den neuen Umständen im Rekordtempo.

Gott, oder das Leben, wenn man es lieber so ausdrücken will, hatte einen Traum von der Zukunft, der die nicht ausschließt, die in diese Geschichte verstrickt sind – und der Traum war groß genug, um für mehr als ein Volk und eine Kultur auszureichen.

In diesem Traum werden alle bevorzugt und alle haben einander etwas zu geben. Das macht die Erzählung von Josef so wichtig: Wahre Träume erschaffen nicht nur die Zukunft. Sie verändern auch die Vergangenheit.

Jiftach
Angst

Jiftach gab dem Herrn ein Versprechen:
„Wenn du die Ammoniter in meine Gewalt gibst,
dann verspreche ich dir: Das Erste,
das durch die Tür meines Hauses
herauskommt und mich trifft,
wenn ich nach dem Sieg über die Ammoniter
zurückkehre, soll dem Herrn gehören
und als Brandopfer geopfert werden."

S iehst du einen Mann, der vorschnell etwas sagt – ein Tor verdient mehr Hoffnung als er.

Diesen grimmigen Satz mit einem Funken trockenen Humor kann man im Buch der Sprichwörter, den „Sprüchen Salomos" finden, einer richtigen Goldgrube in der Bibel für Lebensweisheit. Einer, dem genau dieses Sprichwort hätte helfen können, begegnet uns im Buch der Richter: Jiftach. Er hätte auch lesen können: *Es ist für einen Menschen gefährlich, etwas zu versprechen, bevor er nachgedacht hat* (Sprichwörter 20,25).

Als die Erzählung, die von ihm handelt, aufgeschrieben wird, ist es zu spät, entsetzlich zu spät.

Buch der Richter – was bedeutet das? Es ist kein Gesetzbuch mit Gerichtsprotokollen. Es handelt von einer Zeit, als das hebräische Volk von sogenannten „Richtern" geführt wird, gewählten Leitern, die kleine Kriege gegen die benachbarten Völker führen und die Recht sprechen. Auch eine Frau gehört übrigens zu den Richtern: Debora.

Das Volk hatte Ägypten nach 400 Jahren Gefangenschaft und Sklaverei verlassen und war in das Land Abrahams, Isaaks und Jakobs zurückgekehrt, nach Kanaan. Nach den Erfolgen von Josef und den Hebräern in Ägypten hatte nämlich eine Entwicklung begonnen, die viele Einwanderungsgruppen andernorts auch erleben: Die Hebräer vermehrten sich so stark, dass sie von den Ägyptern als Bedrohung angesehen wurden. Nach und nach wurde ihre Freiheit beschränkt, und zuletzt landete das Volk in der Sklaverei. Diese Zeit ist jetzt vorbei. Der Auszug und die Wüstenwanderung zurück nach Kanaan liegen hinter ihnen. Aber die neue Nation hat noch keine Form angenommen. Man lebt zwischen anderen Volksstämmen, leidet unter ständigen Schwierigkeiten und Übergriffen, und die Auseinandersetzungen sind auf beiden Seiten blutig.

Zu der Zeit gab es keinen König in Israel; ein jeder tat, was ihm gefiel (Richter 18,1), ist ein Kommentar des Buches über die Richterepoche. Eine anarchische, zersplitterte Zeit ohne eine organisierte, zentrale Regierungsmacht. Das Volk führt eine Art Kampf um die eigene Identität, aber die ist schwankend und voller Widersprüche. Ein unseliges Durcheinander! Mit unerhört viel Gewalt. Die Erzählung wogt vor und zurück zwischen Vernichtungskriegen, Religionskonflikten sowie territorialen Gewinnen und Verlusten.

Jiftach ist der Sohn von Gilead, so erfahren wir. Gilead war Richter; von ihm werden verschiedene Heldentaten berichtet. Jiftach tut sein Bestes, um das väterliche Vorbild nachzuahmen, und wird „ein tapferer Krieger". Aber er wird von seiner eigenen Familie nicht akzeptiert. Gileads Söhne sind seine Halbbrüder, und sie verachten ihn: „Er ist der Sohn einer Hure" – oder ein wenig feinfühliger ausgedrückt: „Du bist ja der Sohn einer fremden Frau."

Seine Brüder jagen Jiftach fort von Haus und Hof. Er wird ein Außenseiter, ein Ausgestoßener, der vor seiner Familie ins Land Tob flieht. Planlos treibt er sich herum, wo er nicht zu Hause ist: *Männer ohne jede Bindung scharten sich dort um ihn, und sie zogen mit ihm umher* (Richter 11,3).

Doch nach einer relativ friedlichen Periode taucht eine neue Bedrohung auf. Die Ammoniter, ein Nachbarvolk, erheben Anspruch auf ein Gebiet, das die Hebräer seit dreihundert Jahren bewohnen. Und Jiftachs Brüder rufen den Ausgestoßenen herbei: „Komm und hilf uns gegen die Ammoniter! Werde unser Anführer!"

Der Junge, der ausgeschlossen wurde, war zum Mann geworden. Er hatte erfahren müssen, dass er nicht fein genug ist für seine Brüder. Mit der Zeit hat er vielleicht gelernt, seinen Schmerz einzukapseln, jetzt tritt er wieder hervor. Zuerst war Jiftach wertlos (und nichts verletzt so tief wie die Erfahrung, verachtet zu werden, weil man der ist, der man ist, verurteilt schon von Geburt an). Doch jetzt taugt er wieder zu etwas! Er zweifelt, äußert seine Vorbehalte: „Warum kommt ihr zu mir, jetzt, wo ihr in der Klemme steckt? Ihr habt mich gehasst und vom Haus meines Vaters fortgejagt. Ist euch nicht klar, dass ihr gezwungen seid, mich zu eurem Anführer zu machen, wenn ich die Ammoniter besiege?" Jiftach muss prüfen, ob sie es ernst meinen. Er will nicht ausgenutzt und dann wieder fortgejagt werden.

Die Brüder akzeptieren seine Forderung. Der Hunger nach Anerkennung macht es so wichtig für Jiftach, erfolgreich zu sein. Er will endlich wieder dazugehören. Ich meine zu sehen, wie sein tiefer Schmerz ihn dazu treibt, mehr zu tun als notwendig. Er hat Angst um sein Leben, wenn das Ganze nicht so ausgeht wie erhofft.

So legt er vor Gott ein Versprechen ab. Er ist für den Krieg gerüstet, er ist ein fähiger Heerführer. Er bringt starke und kampfbereite Männer mit, die hoch motiviert sind zu siegen. Aber es scheint, dass Jiftach das alles nicht ausreicht. So spricht er laut zu Gott, als er seinen Männern voranzieht:

„Wenn du die Ammoniter in meine Gewalt gibst, dann verspreche ich dir: Das Erste, was durch die Tür meines Hauses herauskommt und mich trifft, wenn ich nach dem Sieg über die Ammoniter zurückkehre, soll dem Herrn gehören und als Brandopfer geopfert werden" (Richter 11,30–31).

Jiftach gelingt ein vernichtender Sieg über die Ammoniter, und er kehrt im Triumph zurück. Als er sich dem Haus nähert, hat er sein Versprechen vielleicht schon vergessen. Manches ist so wie immer auf dem Heimweg – ein Hund springt herbei und wedelt mit dem Schwanz, oder irgendein anderes Haustier. Die Abendsonne leuchtet über dem Weg, und schon ist Jiftach zu Hause.

Da hört Jiftach den Klang der Stimme einer jungen Frau. Sie singt und tanzt und spielt Tamburin. Um dem Vater zu huldigen, ist sie vor den anderen aus dem Haus gelaufen – die Erste von allen. Es ist seine Tochter, die ihm entgegenkommt. Sein einziges Kind. *Das Brandopfer in seinem übereilten Gelübde.*

Hier finden wir ein Schicksalsdrama. Eine Tragödie wie in den griechischen Dramen, von denen Jiftach und sein Volk zu der Zeit nichts wussten.

Dies ist eine schreckliche Geschichte. Es ist eine von mehreren, die ich lieber nicht in der Bibel gelesen hätte. Sie rührt an etwas, das ich bisher in den Kapiteln über unterschiedliche Männer in der Bibel gemieden habe: all die Gewalt, die viele Erzählungen in der Bibel schildern. Gewalt, die in mehr als neun von zehn Fällen von Männern ausgeht. Gewalt, die unerhört oft Frauen und Kinder trifft. Der Grund dafür, die Frage nach der Gewalt nur dieses eine Mal aufzunehmen, ist nicht der, dass ich die Augen davor verschließe, dass die Bibel empörende und grauenhafte Gewaltschilderungen enthält – in Gottes Namen, für die Sache Gottes. In der Bibel tritt ein Mann nach dem anderen auf und rechtfertigt Gewalt als Werkzeug für den gerechten und göttlichen Sieg.

Ich habe bei den biblischen Männergestalten nach Beispielen dafür gesucht, dass die verfestigten Normen gebrochen werden. Ich bin also in besonderer Weise interessiert an Männern in der Bibel, denen es nicht um Gewalt geht und die zeigen, dass es möglich ist, seinen Willen ohne Mord und Totschlag durchzusetzen. Von solchen Männern wird eben auch in diesem Buch (oder dieser Sammlung von Büchern – die Bibel ist ja eine ganze Bibliothek von Büchern) berichtet.

Dieses eine Mal will ich trotz allem Jiftach dabeihaben. Ich habe ihn nicht deshalb ausgewählt, weil er als Kind seiner Zeit Krieg führt und Gewalt ausübt, sondern weil seine Geschichte in ihrer Art einzigartig in der Bibel ist. Es handelt sich um eine klassische Tragödie, in der gezeigt wird, wie man sich selbst durch Worte und voreilige Versprechen in eine ausweglose Lage bringen kann. Ein Mann kann unvorsichtig werden, wenn er sich nur von Revanche und Genugtuung leiten lässt. Der feste Stand geht verloren. Es wird lebensgefährlich.

So lese ich diese Erzählung (die unter anderem interessante Entsprechungen zu den griechischen Mythen von Psyche aufweist oder zu dem nordischen Volksmärchen „Prinz Hut unter der Erde"). Jiftach dachte nicht einen Augenblick darüber nach, dass seine Tochter diejenige sein könnte, die er als Erste trifft. Wahrscheinlich sah er seine Genugtuung gegenüber den Brüdern so nah vor sich, dass er andere Personen, die ihm nahestanden und von ihm abhängig waren, völlig vergaß. Ja, wir wissen nicht einmal, wie wichtig ihm seine Tochter früher überhaupt gewesen ist.

Jetzt erblickt er sie. Und die Situation wird unerträglich, als er erkennt, was er angerichtet hat. Er reißt seine Kleider in Fetzen, außer sich vor Schmerz. Seine erste Reaktion gegenüber der Tochter wird tragikomisch: „Jetzt schau, was du angerichtet hast (!)."

Wohl niemand von uns heute kann es so einfach verstehen, warum er sich gezwungen fühlt, sein furchtbares Gelübde zu erfüllen. Vielleicht wurde er von Panik ergriffen (er war wohl kein Mann, der viel nachdachte und sich seine Entscheidungen gut überlegte, er war wohl eher etwas unbeweglich, besonders wenn er unter Stress stand). Die Tochter trägt mit zu ihrem Untergang bei, indem sie auf das Urteil eingeht, das ihr Vater, sicherlich unbeabsichtigt, über ihr junges Leben gefällt hat. Auch das erscheint für einen Leser der heutigen Zeit zumindest verwirrend (wie wohl die Menschen damals reagiert haben, als sie von Jiftachs Tochter hörten?). Doch Frauen, die an ihrer eigenen Unterdrückung mitwirken, haben unter uns mehr Verbündete, als wir vielleicht wahrhaben wollen …

Ich persönlich finde nur einen einzigen Lichtblick in der Erzählung von Jiftachs Tochter: Sie erwirkt die

Erlaubnis, mit ihren Freundinnen für eine Zeit lang vor der Tötung zu verreisen, um darüber zu trauern, dass sie niemals einen Mann lieben wird, sondern auf diese Weise dazu verurteilt ist, ewig Jungfrau zu bleiben.

Die Einstellung zur Sexualität erscheint hier noch unzerstört und ungetrübt durch die viel später erfolgte Unterdrückung und Verleugnung der Sexualität junger Frauen. Sie steht vor ihrem Vater und spricht frei heraus, dass gerade dies, die ausgebliebenen Liebesfreuden, „ein Schicksal schlimmer als der Tod" sind. Hier verlischt das Licht, und der Text endet in einem brutalen Dunkel. Keine Einzelheiten. Das Einzige, was wir erfahren: Jiftach führt den Mord mit eigener Hand durch.

Während die Erzählung unerbittlich fortschreitet bis zum entsetzlichen Ende, wird eine schrille Inkonsequenz deutlich. Und zwar hatte Jiftach alle Möglichkeiten, das zurückzunehmen, was er gesagt hatte! Im Buch Levitikus gibt es eine sehr deutliche Anweisung zu dieser Problematik. Dort steht: *Wenn jemand ohne zu begreifen, was er tut, gedankenlos einen Eid schwört, sei es zum Schlechten oder zum Guten, was auch immer ein Mensch in seiner Gedankenlosigkeit schwören kann, und ihm das später bewusst wird und er einsieht, dass er dadurch schuldig geworden ist – dann soll er ... die Sünde bekennen, die er begangen hat, und als Wiedergutmachung seiner Sünde, als Sündopfer, ein weibliches Tier, sei es Schaf oder Ziege, zum Herrn bringen. Und der Priester soll ihm Versöhnung für seine Sünden zusprechen* (Levitikus / 3 Mose 5,4–6). Also, warum tut er das nicht?

In seiner Panik schiebt er die Schuld auf die Tochter. Er kapituliert vor seiner Furcht und seinem Prestigedenken: „Ich habe es ja versprochen, und schließlich war es Gott, dem ich es versprochen habe." Die Tragödie ist Wirklichkeit geworden. Falls diese Erzählung auch nur ansatzweise als normgebend gedacht sein sollte – „Tu es wie Jiftach! Sei ein richtiger Mann und steh zu deinem Wort!" –, dann wird sie unbegreiflich. Dann steht sie einfach da, nackt in ihrer Brutalität und ohne die geringste Milderung der Tragödie.

Es folgen keine Kommentare oder Auswertungen, nur die Feststellung, dass junge Mädchen Jahr für Jahr die Erinnerung an Jiftachs Tochter feiern. Sie wollen erreichen, dass niemand dieses Mädchen vergisst, das ihrem Vater zum Opfer fiel – einem Vater, der getrieben wurde von unbewussten Bedürfnissen und der sich nicht einmal ändern konnte, als das Schlimmste einzutreffen drohte.

Ich glaube, die Erinnerung an das Jahresgedächtnis der Tochter Jiftachs stellt uns als Leser vor die moralische Pflicht einzugreifen. Wir sind nicht nur passive Empfänger einer Botschaft – wir sind Mitspieler in einer jahrhundertelangen Erzählung von Gewalt, Scham, Rache, von Konflikten und schrecklichen Irrtümern, und die biblischen Texte enthalten auch manches, was wir am liebsten nie gelesen oder erlebt hätten, gerade weil wir Verantwortung übernehmen sollen für das, was wir gelesen haben. Eigene Schlüsse ziehen. Stellung nehmen. Ringen mit der Gewalt in den Texten ebenso wie mit der Gewalt in unserer eigenen Welt und in unserem unbewussten Bedürfnis nach Revanche.

Diese Art zu lesen habe ich von Mikael Sjöberg gelernt, der ein Buch geschrieben hat mit genau diesem
Titel „Ringen mit Gewalt in Texten" *(Wrestling with
textual violence, Sheffield 2006)*.

Danke dafür, Mikael.

David
Macht

Von nun an hatte Saul David im Blick.

Das alte fleckige, zerrissene Pergament lag ruhig auf seinem Platz in der schwach beleuchteten Vitrine.

Ich beugte mich vor und las den erklärenden Text dazu. Mein Herz schlug schneller. *Psalm 151*, so stand dort. *Ein Psalm von David.*

Der Psalter, das Buch der Psalmen in unserer Bibel, schließt ja bekanntlich mit Psalm 150. Der Psalter enthält eine große Anzahl Lieder, die David zugeschrieben werden, dem Hirtenjungen, der König wurde. Der Name David bedeutet „geliebt". Und als Sänger und Dichter ist David wirklich geliebt worden.

Der Psalter beginnt mit der ruhigen, meditativen Huldigung an den, der „ist wie ein Baum, gepflanzt an Wasserbächen". Er schließt mit einem gewaltigen Crescendo, bei dem Pauken, Trompeten und Zimbeln sowie alle Geschöpfe, Tiere, Pflanzen und Menschen, versammelt sind zum Lobgesang Gottes: „Preiset Gott mit Tamburin und Tanz!"

Und hier, nur wenig außerhalb von Jerusalem, habe ich gerade die Sonnenwärme verlassen und bin in das kühle, supermoderne Museum gegangen, in dem die Schriftrollen vom Toten Meer und viele andere alte Handschriften aufbewahrt werden. Als die Schriftrollen in Tonkrügen in einer vergessenen Höhle im 20. Jahrhundert gefunden wurden, konnte die biblische Textforschung mit einem Schlag tausend Jahre näher an das Original rücken. Das Museum ist hervorragend gesichert. Bei Krieg oder etwas Ähnlichem kann das ganze Gebäude unter die Erde abgesenkt werden.

Psalm 151, so steht es dort. Ein Psalm, der David zugeschrieben wird. Aus irgendeinem Grund gehört er nicht zur kanonisierten Sammlung. Ich lese ihn bedächtig. Er ist persönlich. Er atmet Dankbarkeit und Freude über Gott, der völlig andere Maßstäbe als wir anwendet, wenn er Mitarbeiter für sein Werk auswählt. Dem hebräischen Pergament im Museum ist eine englische Übersetzung beigegeben, hier ist meine Übertragung:

Ich war geringer als alle meine Brüder
und der jüngste Sohn meines Vaters:
Darum machte er mich zum Hirten über seine Herde
und zum Herrscher über seine Lämmer.

Meine Hände haben ein Instrument gemacht
und meine Finger eine Leier:
So will ich den Herrn ehren,
sagte ich zu meiner Seele.

Die Berge sagen nichts über ihn aus,
und auch die Hügel bezeugen nichts.
Aber die Bäume haben meine Worte geliebt,
und die Schafe sind Zeugen meines Lebens und
        meines Gesangs.

Denn wer kann verkünden und wer kann berichten
und wer kann sie zählen, die Taten des Herrn?
Gott ist der, der alles gesehen hat,
er hat alles gehört und beachtet.

Er schickte seinen Propheten und salbte mich.
Samuel machte mich groß,

meine Brüder gingen hinaus um ihn zu treffen,
und sie waren schön anzusehen.

Doch obwohl sie stattlich und gut gewachsen waren und
schönes Haar hatten,
erwählte Gott keinen von ihnen.

Stattdessen ließ er mich holen und setzte mich ein, seine
Herde zu bewachen,
und salbte mich mit heiligem Öl.

Und er setzte mich ein, sein Volk zu regieren
und über die Erben seines Bundes zu herrschen.

Ich weiß nicht, ob das wirklich Davids Worte sind oder ob sie ihm nur in den Mund gelegt wurden, aber sie tragen immer noch die Benommenheit des jungen Mannes angesichts der großen Veränderung seines Lebens in sich. Emporgehoben aus der Anonymität, ein gewöhnlicher Junge vom Land, der jüngste der Geschwisterschar, ein Teenager, der noch nicht einmal ausgewachsen war – und jetzt das! Niemand erwartete etwas von mir, aber der Himmel sah mich. Hier gelten nicht die normalen Maßstäbe. Gott kann die gewohnte Wertehierarchie umkehren und den Kleinsten zum Größten machen, den Letzten augenblicklich zum Ersten.

Die Erzählung von David in den Büchern der Chronik und den Samuelbüchern enthält alle Bestandteile eines Volksmärchens und einer Heldensage. Hier ist der unbekannte Junge, der vom Propheten Samuel ins Rampenlicht gerufen wird und auf einen Schlag das ganze Volk, einschließlich König Saul, durch seine Geistesgegenwart in Erstaunen versetzt.

Das Nachbarvolk der Philister, mit dem riesigen Mann Goliat an der Spitze, bedroht die Sicherheit des Volkes. Davids Brüder kämpfen an der Front, und David sieht sich dort um – neugierig, frühreif. Eine Belohnung ist ausgesetzt worden für den, der Goliat und damit die Philister besiegt. Als die Brüder davon hören, dass David nach der Belohnung fragt und verhandelt, sind sie empört und schämen sich für den Flegel, der keine Scham besitzt. David setzt ein unschuldiges Gesicht auf:

„Das war doch nur eine Frage!"

Er erweckt Aufmerksamkeit, wird gefragt, ob er die Herausforderung wirklich annehmen will, und antwortet selbstverständlich mit Ja. König Saul leiht ihm seine Rüstung und seine Waffen, aber dieser einfache Junge ist solche Feinheiten nicht gewohnt.

„So etwas habe ich noch nie getragen. Ich kann mich in so einem Dingsda gar nicht bewegen."

Er legt den Prunk wieder ab und hängt sich stattdessen seinen Beutel mit Schleudersteinen über die Schulter. Alle halten den Atem an.

Goliat traut seinen Augen nicht – soll das etwa Widerstand bedeuten? Im selben Augenblick bekommt er zielgenau einen Schleuderstein an die Stirn und fällt um wie ein Ochse. Der Hütejunge weiß, wie man einen Löwen erledigt oder andere Raubtiere, die die Schafe anfallen. Einfach und treffsicher führt er für Israel die Wende im Krieg herbei. Und er bekommt seine Belohnung – die Tochter des Königs. Sowie eine unglaubliche Popularität beim Volk. David bedeutet „geliebt" …

Der Rest der Erzählung ist blutig, voller Konflikte und hinabgesunken in Gewalt und Krieg genau der Art, wie man sie von klassischen männlichen Heldengeschichten in der Bibel erwartet – und im Übrigen auch in unserer ganzen Kultur findet, von Gustav Wasa, der im 16. Jahrhundert die Dänen aus Schweden vertrieb, bis James Bond. Es geht darum, ein großes Reich aus verschiedenen, zersplitterten Teilen von Israel zu machen, und schließlich gelingt David dieses Vorhaben. Mit Gewalt und Waffen. David schreckt auch nicht davor zurück, den männlichen Philistern die Vorhäute als Kriegsbeute abzuschneiden. Erst recht nicht, als der König ihm seine Tochter, auf die David ein Auge geworfen hat, verspricht, wenn er ihm im Palast hundert abgeschnittene Vorhäute der Feinde präsentiert. Und selbstredend kommt er mit zweihundert zurück – man will ja nicht knauserig sein.

Natürlich befreit er sich auch mit List aus unmöglichen Situationen, genauso wie Gustav Wasa in Dalarna oder James Bond in Montenegro *(Casino Royal)* – zum Beispiel in der Situation, als er von den Philistern gefangengenommen und zur Hinrichtung vor ihren König Achisch gebracht wird.

David … begann sich vor Achisch, dem König in Gat, zu fürchten. Als die Menschen ihn sahen, tat er so, als wäre er wahnsinnig, und als sie ihn anpackten, war er wie verrückt, klopfte an die Türflügel der Stadtpforte und sabberte in seinen Bart. Da sagte Achisch zu seinen Dienern: Ihr seht doch, dass der Kerl wahnsinnig ist. Warum habt ihr ihn mir geschickt? Gibt es hier nicht schon genug Geisteskranke, dass ihr den herbringen müsst, um mich mit seinen Verrücktheiten zu quälen? So einer kommt mir nicht in mein Haus (1 Samuel 21,13–16).

Aber in den Davidserzählungen begegnet uns auch ein recht kompliziertes Thema. Es geht darum, jung zu sein und einem alten Machthaber nachzufolgen, der misstrauisch ist und bitter bei dem Gedanken, eines Tages seine Macht zu verlieren, der aber zugleich das Charisma und die Fähigkeit des jungen Mannes bewundert.

Die Beziehung zu König Saul ist gefährlich für David, und doch ist er von ihm abhängig. Saul leidet unter häufig auftretenden Depressionen, und David ist der Einzige, der sie beheben kann. Davids Musik und sein Gesang haben eine heilende Wirkung auf Saul. In dieser Hinsicht ist David ein ungewöhnlicher Held: Er ist ein Künstler, ein Sänger. Seine wichtigste Waffe ist nicht das Schwert, und schon früh in seinem Leben sagt er Goliat ins Angesicht, dass er sein Leben nicht auf Waffen baut. David hat Macht über andere Menschen, weil er Kontakt zu seinem Innern hat. Lobgesang ist seine Leidenschaft – und diese ist reif und groß genug, um auch den Schmerz und die Tragik im Leben umfassen zu können. Saul hört zu – und ist vielleicht der erste Machthaber in der Geschichte, von dem geschrieben wird, dass er eine Musiktherapie benötigt.

Besonders kompliziert ist die Sache dadurch, dass der junge Mann, vor dem er sich am meisten fürchtet, zugleich der Einzige ist, der ihm helfen kann. Ähnliches gilt, wie ich meine, auch heute oft – für Väter und Söhne, Schwiegerväter und Schwiegersöhne, Firmenchefs und Nachwuchskräfte.

Wenn man einige der Psalmen Davids im Psalter liest, dann wird deutlich, welche Vielfalt von Gefühlen David widerspiegelt. Alle Emotionen, von Jubel („wacht auf, meine Instrumente! Ich will die Morgenröte wecken!") bis zu großer Angst, von unversöhnlichem Zorn bis zu Scham und Gefühlen von Schwäche und Wertlosigkeit („nur ein Hauch ist der Mensch") finden sich im Psalter. Darum ist er ein Lieder- und Gebetbuch geworden, durch das im Laufe der Jahrtausende viele Menschen Trost gefunden haben.

Die Erzählung von David bedenkt die Frage, wie einer mit unerwarteter Macht umgehen kann. Wie kann jemand Verantwortung für Leben und Tod anderer Menschen tragen, wenn er sich in einem Zustand befindet wie David, schwankend zwischen Selbstüberschätzung und Selbstverachtung. Die Erzählung geht wirklich schonungslos mit ihm um.

Nun, erstens hat der Prophet schon zur Zeit Sauls das Volk davor gewarnt, überhaupt eine Monarchie einzurichten.

„Ihr werdet einsehen, dass es ein Fehler war, einen König zu wählen, nur weil alle anderen Völker es auch tun."

Zweitens ist David ebenso wenig wie alle anderen ein vollkommener Mensch. Seine Fehler haben jedoch größere Auswirkungen wegen der Machtfülle, über die er verfügt.

Eines Nachmittags während der Mittagspause – vielleicht ist er müde vom vielen Nachdenken im Palast – zieht sich David auf das Dach des Palastes zurück, um dort auszuruhen. In dem heißen, stillen Sonnenlicht, nur ein paar Dächer weiter, badet eine Frau. Sie fühlt sich dort unbeobachtet. Sie ist schön.

Ihr Name ist Batseba. Und David sieht sie.

Er lässt sie zu sich rufen (und wer wagt es, einem König Nein zu sagen?), schläft mit ihr – und sie wird schwanger. In der Erzählung wird ihm weder der Blick noch seine Begierde vorgeworfen, aber jetzt handelt er, jetzt missbraucht er seine Macht. Er überschreitet eine Grenze und will nicht einhalten. Batsebas Mann wird an die Front geschickt, ein sicheres Todesurteil – ein getarnter Mord. Und David heiratet die Witwe. Das Kind, das sie erwartet, stirbt bei der Geburt. Erst da wird David richtig bewusst, zu welchem Betrug er sich hinreißen ließ – aus Leidenschaft und verführt durch seine politische Macht. Sein ganzer Schmerz fließt in ein Lied, das seine Erfahrungen widerspiegelt: Psalm 51.

Über wenige Personen in der Bibel wird so ausführlich berichtet wie über David: seine tiefe Freundschaft zu Sauls Sohn Jonathan, eine wunderbare Erzählung über eine Liebe zwischen Männern. Seine Großherzigkeit gegenüber dem alten König Saul, der in seinen paranoiden Augenblicken versucht, ihn zu töten. Einen tragikomischen Höhepunkt im Stil alter Heldengeschichten bildet die Episode, als David sich vor Saul in einer Höhle versteckt und Saul in diese Höhle kommt, um seine Notdurft zu verrichten – ohne David zu bemerken. Jetzt hat David die Möglichkeit, seinen Vorgänger zu töten, und das in einer ziemlich peinlichen Situation! Doch stattdessen schleicht sich David nach vorn und schneidet einen Zipfel von Sauls Mantel ab. Als Saul weiterzieht, läuft David hinterher und zeigt ihm den Beweis dafür, dass Saul keine Angst vor ihm haben muss …

Davids Traum, einen großen Tempel bauen zu dürfen, wird ihm nicht vergönnt – „Gott hat mir gesagt, dass ich es nicht tun darf, weil ich Krieg geführt und Blut vergossen habe." Erst sein Sohn Salomo wird damit beauftragt werden. Salomo wird auch als Autor des Hohenliedes überliefert, eines der schönsten Liebeslieder sowohl der Bibel als auch der Weltliteratur.

David hatte viele Frauen, und vielleicht liebte er Batseba trotz der problematischen Umstände. Aber über diese Seite seines Lebens wissen wir nur wenig. Wir wissen, dass er ein leidenschaftlicher Mann war, ein Sänger, dem es gelang, die unterschiedlichen Seiten des menschlichen Lebens wiederzugeben. Ein Mann, der das Leben liebte, das ist sicher.

Wenn ich deinen Himmel sehe,
geformt durch deine Finger,
den Mond und die Sterne,
von dir befestigt,

was ist da ein Mensch,
dass du an ihn denkst,

ein Sterblicher, dass du dich seiner annimmst?
Du hast ihn fast wie einen Gott gemacht ...

Aus Psalm 8

Und die Anfangsworte von Psalm 22 bekamen viele Jahrhunderte nach seinem Tod eine neue Bedeutung dadurch, dass ein sterbender jüdischer Mann, als Verbrecher hingerichtet, sie zu seinen eigenen machte.

„Mein Gott, mein Gott, warum hast du mich verlassen ..."

Sicherlich sprach Jesus den ganzen Psalm als sein letztes Gebet.

Auf jeden Fall wussten alle, die die Anfangsworte hörten, wovon der Psalm handelt. Direkt anschließend folgt Psalm 23, das bekannteste von Davids Liedern.

Der Herr ist mein Hirte,
nichts wird mir fehlen,
er führt mich auf grüne Wiesen, dort zu verweilen,
er lässt mich ruhen an stillen Wassern.

Nicht einmal im dunkelsten Tal
fürchte ich etwas Böses,
denn du bist bei mir,
dein Stock und Stab geben mir Sicherheit.

Psalm 23,1–4

Der Schriftsteller Phillip Keller lebte mehr als zwanzig Jahre in Ostafrika, wo er eine Schafherde besaß. Später schrieb er ein Buch über Davids Hirtenpsalm. Er wundert sich darüber, dass so viele Menschen diesen Psalm ausgelegt haben ohne die geringste Kenntnis von Schafzucht.

Als ich das Buch von Phillip Keller gelesen hatte, sah ich den Psalm 23 in einem völlig neuen Licht – und habe großen Respekt vor dem Hütejungen David als Verfasser gewonnen. Dort habe ich zum Beispiel gelernt, dass Schafe, die sich selbst überlassen sind, niemals den Ort verlassen, an dem sie grasen. Sie fressen dort alles bis zu den Wurzeln nieder und hinterlassen eine Einöde. Darum müssen sie zu neuem Grünland geführt oder getrieben werden. Auch wenn der Weg durch ein enges Tal führt, in das niemals die Sonne scheint. Ein Idyll, das nie verlassen wird, wird schließlich zur Wüste.

Innerlichkeit ohne die Erfahrung der Verzweiflung findet man oft in frommen Kreisen – ein unangenehmer, gähnender Kitsch, der dazu führt, dass Menschen mit gesunden Instinkten „das Religiöse" meiden. Es ist Davids Stärke, dass er beides zusammenbringt, Licht und Dunkelheit – und die ausführliche Erzählung über ihn zeigt einen Mann mit sowohl liebenswerten als auch abstoßenden Seiten. Er selbst ist der beste Schutz gegen eine Glorifizierung seines Lebens und gegen eine allzu idyllische Deutung seines Gedichtes – Psalm 23 ist alles andere als ein blökendes Idyll.

Und Psalm 151 – der Psalm, der nicht in der Bibel steht?

Vielleicht ein Zeichen dafür, dass es immer noch mehr zu sehen und zu entdecken gibt. Mehr als die 150 Psalmen, die wir schon kennen

Der Liebhaber
im Hohenlied

Sex und Liebe

Dein Wuchs gleicht der Palme,
und deine Brüste sind wie Trauben.
Ich denke: Ich will die Palme ersteigen,
will ihre Rispen ergreifen

Hoheslied 7,8–9

Er ist anonym, der Mann im Hohenlied. Wir erfahren nicht, wie er heißt und wo er zu Hause ist. Er ist überall und nirgends. So wie der Wind in Hjalmar Gullbergs Gedicht in das Leben einer Frau fegt, und beide werden verändert: „Er kommt wie ein Wind, was kümmert sich ein Wind um Verbot?" – oder etwas drastischer ausgedrückt in dem Gedicht von Eeva Kilpis:

Sag, ob ich störe, sprach er, als er eintrat
dann geh ich sofort
Du störst nicht nur, antwortete ich
du erschütterst meine ganze Existenz
Willkommen!

Das Besondere am Hohenlied ist, dass es in Dialogform geschrieben ist. Ein Hochzeitsepos, das nach Meinung von Bibelwissenschaftlern rituelle Funktionen hatte, zum Beispiel bei der Königsweihe oder bei jährlichen Zeremonien, die um den König kreisen. (Das Hohelied wird übrigens König Salomo zugeschrieben.)

Viele Exegeten sind der Meinung, dass das Hohelied „eine heilige Hochzeit" von kosmischen Dimensionen schildert – eine Vereinigung zwischen Himmel und Erde, zwischen Gott und Menschen, zwischen dem göttlichen Liebhaber und der menschlichen Seele. Die Gottesbeziehung zu den Menschen als erotische Liebesbeziehung zu bezeichnen ist in der kirchlichen Tradition Nordeuropas ungewöhnlich, aber für viele – von schwedischen Pietisten, südeuropäischen Heiligen und jüdischen Chassidim bis zu persischen Dichtern wie

Rumi und Hafez oder hinduistischen Bhakti-Anhängern – ist es immer die selbstverständliche Sprache gewesen.

Es ist nicht schwer, sich das Hohelied als ein Tanzdrama vorzustellen, in das traditionelle Lieder und Tanzspiele zusammen mit neu geschriebener Dichtung verflochten wurden. Es ist kein großer Schritt zu unseren Mitsommerspielen, und wer meint, das Hohelied würde durch solchen Vergleich ins Lächerliche gezogen, kann ja einfach den Blickwinkel ändern und feststellen, wie ein neues Licht vom Orient auf das Lied „Das Mädchen, das zum Tanze geht" fällt …

Ein Mann und eine Frau kommen zusammen, sie lieben sich, und sie drücken ihr Zusammensein auf eine Weise aus, die erstaunlich wechselseitig ist: Zwei freie Menschen sprechen miteinander. Im Hohenlied gibt es keinen „Kampf der Geschlechter" und nicht den Schimmer irgendwelcher Machtspiele. Für einen Augenblick scheint der Garten Eden wieder auferstanden zu sein, und wir dürfen ihn erleben. In einer Hingabe ohne Scham und Vorbehalt.

In einem Tagebucheintrag habe ich geschrieben:

Ohne Vorbehalt zu lieben ist natürlich genauso unmöglich wie ohne Schmerzen zu lieben. Trotzdem habe ich Augenblicke der Liebe erlebt, die in gewisser Hinsicht meiner Erfahrung und meinen Vorstellungen von dem, was möglich ist, widersprochen haben. Woher kommt die Kraft in der Liebe – die unerhörte plastische Fähigkeit, allen denkbaren Hindernissen zu trotzen und da einen volltönenden Klang zu erzeugen, wo es gar keine Akustik gibt?

Und schließlich, wenn man viel zu oft erfahren musste, wie schwer das Leben ist, kann die Liebe ein ebenso großer Schock sein wie eine traumatische Erfahrung. Ich wünschte mir einen Text, der das Thema bearbeitet: welche schwere Arbeit es ist, die Gnade anzunehmen, wenn sie schließlich ihre Arme um einen frierenden Körper schlingt.

… Empfindsame Lippen. Zungenspitzen, die sich vorwärtstasten, ein kleines Tier, das im Dunkeln sieht. Schweiß, die triumphierenden Tränen des Körpers, überall auf der Haut. Dünne Kerbe in nasser Eichel, Vorhaut und Befestigungspunkt, als wäre es soeben von einem Baum herabgefallen mit all dem wunderbaren Fruchtmark!

Dass Hüften fliegen können. Dass Fingerkuppen schwer werden wie heißes Eisen. Dass Füße so ruhig werden, wenn sie an das Bein eines geliebten Menschen gelehnt sind. Und dieser Wahnsinn! Warum ist es so wunderbar, sich gegenseitig weh zu tun bis an die Grenze, die das Vertrauen immer weiter hinausschieben will?

Die Hingabe, der Schritt zurück für einen Blick. Eine zusammenfaltbare Papierkathedrale, stärker als alles. Durch den Körper Fürsprecher füreinander sein. Dunkelheit, doch aus Dunkel wird Licht.

Der Mann im Hohenlied versucht nicht zu herrschen. Er wartet, lockt und hofft. „Stör die Liebe nicht, bevor sie selbst es will." Aber er gibt nicht auf. Die Frau, die er liebt, ist vielleicht ein verschlossener Lustgarten, ein versiegelter Brunnen. Er hält es aus. Er verlässt sich darauf, dass sie schließlich doch will – aus eigenem Antrieb. Dass sie kommt, sich ihm öffnet und alle Düfte des Gartens ausströmen lässt. Hier geht es nicht um

Der Liebhaber im Hohenlied

Eroberung. Er ist schließlich selbst erobert worden, er hat den Boden unter den Füßen verloren. „Du hast mein Herz gefangen, meine Schwester und Braut, mit einem einzigen Blick hast du mein Herz gefangen, mit einem einzigen Glied deiner Halskette." Sie wird von ihm geschildert als eine Person, die Macht besitzt: Sie gleicht dem Berg Karmel, der großen Stadt Jerusalem und dem Turm, der Richtung Damaskus weist.

Die Liebenden im Hohenlied bejahen ihre Lust ohne Scham oder Vorbehalt. Wir unglückseligen Erben der Kulturmischung aus jüdisch-christlichem und griechischem Denken haben lange genug unter verschiedenen Arten der Leugnung und Dämonisierung der Sexualität gelitten – zutiefst fremdartig in dem biblischen Zusammenhang.

Ein anglikanischer Pfarrer, mit einem tiefen Verständnis der biblischen Texte, sagte einmal zu mir: „Der Teufel hasst Sex. Das ist das Schlimmste, was er kennt. Darum treibt er uns gleichzeitig in zwei Richtungen: Leugnung der Sexualität sowie Machtmissbrauch durch Sexualität. Er versteht nichts von Gegenseitigkeit."

Der Sündenfall, die Erzählung von Adam und Eva, handelt ja nicht davon, dass sie Sex hatten, sondern davon, dass sie anfingen sich zu schämen. Das Vergleichen war in die Welt gekommen – der Blick der Schlange. Und sie begannen, Gott und die Welt und einander mit einem wertenden Blick zu betrachten – und nahmen Abstand voneinander.

Der Mann im Hohenlied ist, wenn man so will, ein „ganzer Kerl". Er wird getrieben von der Lust, vom Körper der Geliebten, er ist empfänglich für ihre Düfte, er geht direkt zur Sache, er will sie berühren und mit ihr „Liebe machen" – und nicht erst ein interessantes Gespräch über das Wetter führen oder irgendein tiefsinniges kulturelles Thema. Aber es geht ihm nicht darum, zu beherrschen, zu nehmen und zu fordern. Er ist nicht auf „Erfolg" aus. Er ist bereit, die Liebe *zu empfangen*.

Hier berührt das Hohelied mehrere Problempunkte, die ich auch in unserer Zeit erlebe. Zuerst: Die Welt ist voller Männer, die (laut Statistik) mindestens zehnmal in der Stunde an Sex denken – und viele von ihnen schämen sich dafür. Sie haben gelernt, dass es schmutzig ist, auf die Brüste einer Frau zu schielen, auf ihre Beine oder ihren Po – doch wie sollen sie davon loskommen? Hier könnte einer von mehreren Gründen dafür liegen, dass normale, liebenswürdige Männer nicht gern religiöse Veranstaltungen oder Gottesdienste besuchen. Sie sind zu der Meinung gelangt, dass Gott sie, so wie sie sind, nicht mag.

Ein anderer Problempunkt: Wie ist es möglich ein Mann zu werden, der die Liebe als Geschenk annimmt, wenn die ganze Gesellschaft durch Leistungsdruck vergiftet ist, vor allem, wenn es sich um Männer und Sex dreht? Von Männern wird erwartet, dass sie die Initiative ergreifen, jede intime Begegnung durch Erektion und Orgasmus krönen und außerdem die Frau zufriedenstellen.

Der Mann im Hohenlied sieht Liebe nicht als eine Art Leistung an. Er öffnet sich und nimmt das entgegen, was seine Frau geben will, ohne sich dadurch bedroht zu fühlen, dass er der Empfangende ist. Er weiß, dass auch er etwas zu geben hat, aber durch den Dialog ist er von allen übermächtigen Anforderungen befreit.

Obwohl Gott nur einmal im Hohenlied ausdrücklich erwähnt wird (ermitteln Sie gern, wo!), ermöglicht der Text tiefe geistliche Heilung für jene, die durch Leistungsdruck oder Verachtung der Sexualität verwundet sind. Der Name der Frau im Leben des Mannes lautet *Erlöser, Befreier* – schon auf der ersten Seite der Bibel. Aus der Perspektive des Hohenliedes könnte es auch bedeuten: Gott ist weder ein neidischer Feind jeglicher Manneslust noch ein Kontrolleur, der auf einer Skala von 1 bis 10 seine „Beischlafergebnisse" einträgt. Die Perspektive ist eher diese: In der Liebesbegegnung ist es *Gott, der sich selbst den Liebenden schenkt.*

In einem dritten Problempunkt – vielleicht ist es der, der am seltensten ausgesprochen wird – geht es darum, die Frau anzunehmen und zu behalten, die der Mann wirklich liebt. Shere Hite, die bekannte Sexualforscherin, schreibt darüber, und meines Wissens ist sie eine der wenigen, die das tun.

„Viele Frauen grübeln, warum Männer so sonderbar sind, wenn es um Liebe geht. Zuerst sind sie leidenschaftlich, liebevoll und sehnsuchtsvoll, dann werden sie kühl und verschlossen und schließlich unfreundlich und wütend."

In dem *Hite-Report: Das sexuelle Erleben des Mannes,* dem Ergebnis siebenjähriger Forschung, glaubt Shere Hite die Antwort auf der Straße gefunden zu haben. Sie schreibt, wie überrascht sie über folgendes Ergebnis war: Die meisten Männer, die sie interviewte, erzählten, dass sie nicht ihre große Liebe geheiratet haben. Und damit nicht genug, waren sie sogar stolz auf ihre Wahl. Es sah so aus, als würden Männer sich nicht trauen, an die große Liebe zu glauben, so schreibt sie – zumindest nicht daran, dass sie Bestand haben kann.

Das liegt daran, so glaubt Shere Hite, dass die Jungen in unserer Kultur gezwungen werden, ihre Mutter zurückzuweisen – sonst bekommen sie keinen Zutritt zur Welt der Erwachsenen. „Du kannst doch nicht mehr am Rockzipfel deiner Alten hängen ...“ Sie müssen den Menschen verleugnen und verraten, den sie am meisten geliebt haben. „Mit der Mutter zu brechen“ ist ein gefühlsmäßiges Trauma, das ihr ganzes weiteres Leben beeinflusst.

Männer versuchen zu lieben und sich zu verlieben, aber sie haben Angst vor Hingabe, Nähe und Abhängigkeit von Frauen. Shere Hite fasst zusammen: „Ich glaube, dass es für Jungen normal ist, ihre Mutter zu lieben, und da sollen sich andere gar nicht einmischen ... wir brauchen keine männliche Gesellschaft, in der Frauen als ‚andersartig‘ definiert werden. Diese Vorstellung hat nämlich tragische Konsequenzen auf unser Privatleben und auf das gesellschaftliche Wohlbefinden.“

Darum ist das Bild des Mannes im Hohenlied ein Trost auch für mich – er hat nicht das Bedürfnis, die Frau wegzustoßen, die er liebt. Und gerade jetzt, da ich dieses Kapitel abschließen wollte, legt er eine warme Hand auf meine Schulter und sagt:

„Hör mal, bevor du den Punkt setzt, will ich auch noch etwas sagen. Dass Männer nicht immer so viel reden wollen wie Frauen, weder vor noch nach dem Sex, liegt vielleicht gar nicht daran, dass wir gefühllos sind oder Ignoranten. Es kann doch auch sein, dass Sex für uns (oder das, was wir in der „Begegnung", wie ihr das lieber sagt, erleben) groß genug ist."

Jeremia
Im Auftrag

Das Wort des Herrn kam zu mir:
„Was siehst du, Jeremia?"
Ich antwortete:
„Ich sehe einen Zweig von einem Mandelbaum."
Der Herr sagte:
„Du hast richtig gesehen:
Ich wache über mein Wort,
bis es Frucht trägt."

Wer ist Gott? Was ist das, was hier „Gottes Wort" genannt wird? Wer bin ich? Das sind Fragen, die dieser kurze Dialog aus dem Buch des Propheten Jeremia weckt. Prophet bedeutet „der es ausspricht". Einer, der eine große und wichtige Botschaft zu vermitteln hat, und zwar direkt in die historische Situation hinein. Ein Wort Gottes.

Die drei Fragen waren mit Sicherheit höchst aktuell für den deutschen Pfarrer und Widerstandskämpfer Dietrich Bonhoeffer (1906–1945). Eine Woche nach Ostern, an einem Sonntag Anfang April 1945, befindet er sich in einer ausgeräumten Schule auf dem Lande in Deutschland. Er ist dorthin gebracht worden, zusammen mit einigen Mitgefangenen aus dem Gestapogefängnis in Berlin. Der Bus, der sie transportierte, hatte eine Panne, und deshalb sind sie zufällig hier einquartiert worden. Die Sonne scheint in das Klassenzimmer, wo man für einige kurze Stunden dazu kommt, Neuheiten oder Zigaretten auszutauschen und sogar ein wenig zu scherzen, mitten in der Betrübnis. Bonhoeffer wird gefragt, ob er eine Andacht für die anderen halten würde, aber er lehnt ab. Es sind Katholiken dabei, und die könnten sich verletzt fühlen. Und einige sind dabei, die gar nichts glauben, wie der Russe Kokorin. Schließlich wird er überredet – und zwar von eben diesem Kokorin. Bonhoeffer stellt sich hin an diesem Frühlingstag, an dem draußen im Garten vielleicht schon die Obstblüte zu bewundern ist – aber noch keine Frucht – und spricht über den Text „Er hat uns wiedergeboren zu einer lebendigen Hoffnung" (1 Petrus 1,3). An diesem Tag ist es nicht weit von ihm zu Jeremia.

Jeremia wurde „der weinende Prophet" genannt. Er hat keine Angst vor Tränen: Er weiß, dass sie den Strom bilden, auf dem die Seele sich in Bewegung setzt. Jeremia ist auch der Prophet des Herzens. Er behauptet, dass eine Zeit kommen wird, in der Gottes Gesetz auf eine selbstverständliche Weise ins Herz der Menschen geschrieben wird, eine Zeit, in der unser Inneres zur Quelle wird. Aber er ist kein Spaßvogel. Er ist scharf. Er ist schwermütig. Er sieht, was auf die Menschen seiner Tage zukommt: eine der dunkelsten Zeiten in der Geschichte des Landes, etwa im Jahr 600 vor Christus. Besetzung, Verwüstung, Deportation nach Babylon, Untergang Jerusalems.

Man kann Jeremia nicht vorwerfen, ein „Gute Laune-Prophet" zu sein. Andere prophezeien glänzende Aussichten und eine helle Zukunft. Jeremia dagegen spricht von innerem Zerfall und einer überwältigenden äußeren Bedrohung für das ganze Volk. Er ist nicht völlig überzeugt, weder von seiner Botschaft noch von seiner eigenen Rolle. Er ist ein Mann, der sich gezwungen sieht, ein Wort der Wahrheit in einer chaotischen Zeit zu sagen, im Schnittpunkt zwischen existenziellen und politischen Fragen, aber er ist sich seiner Sache nicht sicher. Er zweifelt. Er wird schikaniert und verfolgt, sogar gefangen genommen. Er will aufgeben, aber er findet keinen Weg aus seiner Berufung heraus, sie brennt in ihm „wie ein Feuer". Eigentlich will er das brennende Wort nicht weitersagen. Er findet, dass Gott hart ist. Er zögert.

Lassen Sie uns wieder auf Dietrich Bonhoeffer dort im Klassenzimmer blicken. Er spricht von Hoffnung, aber es ist wirklich ein Wort, das vor der Entfaltung der Blätter blüht. Wie es aussieht, hier gegen Ende des Zweiten Weltkrieges, gibt es wirklich nichts, worauf man hoffen könnte! Er hat erfahren müssen, was es heißt, alles zu verlieren: die Möglichkeit, in der Kirche zu dienen und in der Universität zu arbeiten. Sein Einsatz in der Widerstandsbewegung ist missglückt – Hitler hatte das Attentat vom 20. Juli überlebt, und die Beteiligten waren entdeckt worden. Die deutsche Widerstandsbewegung kann auch nicht mit Unterstützung aus dem Ausland rechnen, die Alliierten misstrauen ihr. Er ist von der Familie abgeschnitten. Von den Freunden. Von Maria, „meiner Geliebten". Von der Zukunft – und von allen Nachrichten, wie es eigentlich mit dem alliierten Kampf gegen die Gewaltherrschaft Hitlers steht. Was soll man glauben? Was kann man hoffen? Brennende politische Fragen und Glaubensfragen verschmelzen miteinander.

Jetzt wird er auch noch seiner Kleider beraubt. Und seines Lebens. Einen Tag später, am 9. April, im Morgengrauen, wird er hingerichtet werden. Der Baum wird bald blühen, es ist Frühling. Es ist ein kurzer Augenblick des Lichts dort in der Dorfschule, gegen alles Böse. Gerade war Weißer Sonntag, in den Texten ging es um Jubel, Dankbarkeit für das Leben und für die Ernte.

Aber hier in der Dorfschule ist es noch weit bis zu den sichtbaren Früchten. So weit wie für Jeremia. Ein Mandelzweig blüht, bevor sich die Blätter entfalten. Weiße Blüten an einem dunkelroten Zweig, lange bevor etwas anderes zu blühen beginnt. Das ist ein starkes Symbol für „Hoffnung trotz allem". Denn so ist es wirklich:

Immer blüht ein Mandelbaum mit Zweigen, die noch ohne Blätter sind.

Es gibt hier und da Dornen an den blühenden Mandelbäumen. Die langen, lanzenförmigen Blätter kommen später, und die guten Mandelfrüchte, die nach altem Wissen Heilung und Trost schenken, sind noch nicht zu sehen – sie werden später geschützt durch eine dicke, in Pelz gekleidete Schale. Sie brauchen Zeit zum Reifen. Die Früchte schmecken so lieblich, dass sie eine wichtige und teure Handelsware sind. Nach Schweden kamen sie erst im 16. Jahrhundert. Früher habe ich über die Worte vom Mandelbaum bei Jeremia wohl nicht richtig nachgedacht – und so auch nicht bemerkt, wie sorgfältig dieses Symbol in der Erzählung ausgewählt wurde und wie wichtig der Baum war in einem Wüstengebiet, in dem die Nomaden erst spät sesshaft wurden. Dort waren Bäume Schatzkammern, Zukunft, Leben und Sicherheit. Sie wachsen langsam und müssen geschützt werden. Ihre Bedeutung in der Bibel leuchtet uns im Westen nicht deutlich genug auf.

Im Buch der Richter findet sich eine Fabel über einen Baum – die einzige Fabel in der Bibel (Richter 9,8–15). Es ist eine ironische Erzählung über Macht, über die Verstoßung des richtigen und die Wahl eines falschen Königs. Uns begegnet eine Ironie, die viel später in dem großen Textgewebe der Bibel noch tiefer wird: in der Erzählung von dem dornengekrönten König Christus.

Jeremias wichtigste Frage angesichts seines Auftrags ist nicht nur: „Wie soll das in Zukunft werden?", oder: „Wie soll ich das aushalten?", sondern vor allem: *Wer ist Gott?* Es lohnt sich, einen Augenblick bei dieser

Frage zu verweilen. Denn bei allem, was ein Verkündiger vermittelt, geht es nicht nur um Wahrheit, Einsichten, Trost – sondern um eine Person. Die Aufgabe des Propheten ist es, anderen eine Verbindung zu dem persönlichen Gott zu ermöglichen, der sich selbst vorstellt als „Ich bin".

Bonhoeffer beugt die Knie im Morgengrauen, entkleidet, und betet inniglich, direkt bevor er hingerichtet wird. In den Aufzeichnungen des Lagerarztes heißt es: „Durch die halbgeöffnete Tür eines Zimmers im Barackenbau sah ich vor der Ablegung der Häftlingskleidung Pastor Bonhoeffer in innigem Gebet mit seinem Herrgott knien. Die hingebungsvolle und erhörungsgewisse Art des Gebetes hat mich auf das Tiefste erschüttert. Auch an der Richtstätte selbst verrichtete er noch ein kurzes Gebet und bestieg dann mutig und gefasst die Treppe zum Galgen."

Bonhoeffer weiß, wer der Auftraggeber ist, in diesem letzten Augenblick, da alles verloren erscheint. Und wie ich es verstehe, ist genau das der Punkt bei allen Berichten und Gleichnissen in der Bibel. Alle Texte bis hin zu den Evangelien wollen betonen: *So ist Gott.*

Der törichte Sämann, der das kostbare Saatgut verschwendet und überallhin ausstreut, weil es an unerwartetem Ort aufgehen könnte – die Frau, die nach der Münze mit dem Bild des Königs sucht und nicht aufgibt – der Hirte, der nach dem verlorenen Schaf sucht, als wäre es sein einziges, obwohl er doch so viele hat – *so ist Gott!* Als Jesus auf dem Wasser geht, tut er das nicht, um seinen Jüngern zu imponieren oder zu „beweisen", dass er über den sogenannten Naturgesetzen steht. Er geht auf dem Wasser ganz einfach deshalb, weil er so am schnellsten bei den Jüngern ist, die in einer schwierigen Lage Trost brauchen. *So ist Gott.* Er macht das Unmögliche möglich, um uns schnell zu erreichen, wenn wir Hilfe brauchen. Als Jesus den Verbrecher mit ins Paradies nimmt, will die Erzählung damit deutlich machen: *So ist Gott.*

(Wie oft ist diese Botschaft nicht angekommen, weil Ausleger moralisiert oder die Gleichnisse Jesu sentimentalisiert haben, so dass wir uns ängstlich gefragt haben: „Bin ich der schlechte oder gute Boden?" oder „Wer von uns ist das verlorene Schaf?" Am besten lesen Sie selbst im Lukasevangelium nach, wo Sie die meisten dieser Gleichnisse und Erzählungen finden).

Ähnlich wie bei Jesus ist es bei Jeremia. Wenn wir ihn verkündigen hören, wie der Bauer über seine Mandelbäume wacht oder wie jemand sein Gesetz in unsere Herzen schreibt und uns innerlich lebendig macht – dann soll gezeigt werden: *So ist Gott.* Jeremia verdeutlicht seine Botschaft sogar durch Straßentheater, damit die Menschen besser verstehen können, was er sagen will. Er geht zu einem Töpfer, irgendwo in der Töpfergasse, stellt sich neben ihn und ruft zu den Menschen, die vorbeigehen: „Schaut her!"

Als das Gefäß schief auf der Drehscheibe dreht und nicht so wird, wie der Töpfer es sich vorgestellt hat, beginnt er noch einmal von vorn. Er rangiert es nicht aus! *So ist Gott!*

Jetzt komme ich zur zweiten Frage, die der Text vom Mandelbaum weckt. Was ist eigentlich Gottes Wort?

Worin besteht die göttliche Ansprache mitten in unsere historische Situation hinein? Jeremia leidet darunter, dass das Wort, das er weitergibt, nicht angenommen wird. Was ist mit der Frucht? Mit dem Resultat? Darüber soll er sich keine Gedanken machen. Gott sagt: „Ich werde über die Frucht wachen."

Dietrich Bonhoeffer, der in einer Epoche der Agitation und Massenpropaganda lebte, sagt etwas Wichtiges über Gottes Wort. Das Wort ist schwach, sagt er. Es ist nicht stark. Das Wort kann verwundet werden. Wenn es nicht angenommen wird, weicht es aus. Das unterscheidet Gottes Wort von Ideologie und Agitation. Und das liegt daran, dass Gottes Anrede lebendig ist. Sein Wort hat lebendige Kraft, aber keine weltliche Macht, zu überzeugen oder zu überreden, zu verführen oder zu verleiten, nicht einmal für eine gute Sache. Das Wort blüht auf einem Zweig ohne Blätter, bevor der Frühling angebrochen ist. Es ist ein Vorbote von dem, was kommen wird, und keine Überredung.

In einem Augenblick ohne Zukunftshoffnung bekommt Jeremia den Auftrag, ein Stück Ackerland zu kaufen, mitten während der Belagerung und feindlichen Besetzung: eine Anzahlung auf die Zukunft, die man im Glauben annehmen kann. Genau auf diesen Jeremia-Text weist Bonhoeffer in einem Brief aus der Gefangenschaft hin. Wir können heute manche Dinge tun, die als Zeichen dienen, sagt er, als Zeichen dafür, dass noch nicht alle Hoffnung dahin ist. Ein solches Zeichen kann zum Beispiel ein Wort der Hoffnung in einer hoffnungslosen Zeit sein: Was jetzt ist, wird nicht für alle Zeit so sein.

Das Wort ist nicht mächtig im weltlichen Sinn, aber lebendig. Das ist wie die Aussaat, sagt Jesus in einem seiner Gleichnisse. Der Bauer sät, wenn er geeggt und gepflügt hat. Er ist aktiv, und seine Maschinen machen Krach. Aber wenn das Wachstum beginnt, wird es still. Jesus sagt: Dann wächst es, während der Bauer etwas anderes tut. Tage und Nächte vergehen, und es wächst, während der Bauer schläft. „Von selbst" trägt der Boden Frucht, sagt Jesus. *Automatē* – automatisch, auf Griechisch. Wir gehören zu einem Reich, das *automatē* wächst. Bruder Lorenz im Mittelalter sagt das Gleiche: „Wer mit Gott im Herzen lebt, geht auch im Schlaf vorwärts."

Das ist auch die Überzeugung von Jeremia: Die Worte, die einstmals in Steintafeln gehauen wurden, werden ins Herz geschrieben und ein Teil von uns selbst werden, so dass wir uns auch im Schlaf vorwärtsbewegen, ohne Anstrengung.

Er spricht davon, dass eine Zeit kommen wird, in der Gott einen neuen Bund mit den Menschen schließen wird: ein Bund, der in ihr Inneres geschrieben wird. Ins Herz. Und das von dort wächst, von innen.

Das Vertrauen darauf, dass das Wort von sich aus wächst, befreit den Verkündiger vom Ehrgeiz. Viele verbreiten Gottes Wort – aber haben übel riechenden Atem. Ambitionen, die auf eigenen Interessen beruhen, auf der Aussicht, die Ernte der Früchte einzubringen, trüben das, was man vermitteln will. In der lateinischen Bibelübersetzung des Hieronymus heißt es im 1. Korintherbrief 13: „caritas non est ambitiosa" (Liebe ist nicht ehrgeizig). Das ist schwer zu akzeptieren für all jene, die besonders pädagogisch sein wollen, besonders rational, und die meinen, bei jeder Gelegenheit *alles sagen* zu müssen, ohne etwas auszulassen … Mit Ehrgeiz hinterlässt man oft eine Wüste … Bauern wissen, dass man das Land auf keinen Fall nach der Aussaat pflügen darf! Und von Künstlern können wir lernen, dass man niemals alles auf einmal sagen soll, weil man so den Zuhörer oder Betrachter ausschließen würde.

Schließlich komme ich zur dritten Frage: Wer bin ich? Ich bin ein Gefäß in der Hand des Töpfers. Eine gerade Linie führt hier von Jeremia zu Paulus: „aber diesen Schatz haben wir in tönernen Gefäßen …“ (2 Korinther 4,7). Der Abstand zwischen dem, wer ich bin, und meinem Auftrag wird mit den Jahren nicht kleiner. Darum muss ich nicht nur meine Verantwortung kennenlernen und meine Privilegien – und als deren andere Seite die unvermeidliche Schuld (Schuld ist nicht gefährlich. Es gibt Vergebung!). Ich glaube, wir müssen auch unsere Scham kennenlernen.

In unserer Zeit wachsen die Anforderungen, öffentliche Anforderungen am Arbeitsplatz, in den Medien, und private, dass das Leben gelingt. Die Tyrannei des Perfektionismus schwebt über uns, der Anspruch auf Jugend, Gesundheit, Schönheit, Reichtum, Ruhm und Erfolg. Ebenso spielt die Scham eine immer größere Rolle in unserer Gesellschaft und Kultur. Scham ist ein diffuses Gefühl. Sie ist nicht so deutlich wie Schuld. Scham handelt davon, Außenseiter zu sein, zurückgewiesen und verlassen zu werden – nicht weil ich etwas falsch gemacht habe, sondern weil ich irgendwie falsch *bin*.

Ich passe hier nicht her. Ich darf nicht dabei sein. Ich bin hässlich. *Falsch*. Untauglich. Wertlos. Mich kann niemand lieben. Ich verdiene es nicht zu leben. Ich kann darüber mit niemandem sprechen. Ich kann auch nicht dafür beten.

Wenn der Blick meines Vaters oder meiner Mutter mir ausweicht oder wenn es ihn gar nicht gibt

wenn die Klassenkameraden oder die Arbeitskollegen schweigen, sobald ich den Raum betrete,

wenn meine Frau nicht mehr mit mir schlafen will,

wenn mein Mann mich schlägt,

wenn mein Chef ironisch wird, sobald ich etwas sage,

wenn meine erwachsenen Kinder mich verstoßen und ich die Enkelkinder nicht sehen darf – dann empfinde ich nicht zuerst Zorn oder Trauer, sondern Scham.

Ich bin es, mit dem etwas nicht stimmt. Meine bloße Existenz ist falsch. Es ist, als würde sich ein heimlicher Verdacht bestätigen. Jeremia erlebt die Scham unten am Boden. Lesen Sie einfach Kapitel 20 – die Klage des Propheten! (Jeremia 20,7–18).

Oft bekommen wir von der Scham nichts anderes zu spüren als eine vage Last. Aber die Scham saugt unsere Kraft auf. Diese unerklärliche Müdigkeit, die nicht aufhören will. Eine stumme Trauer, die nicht einmal in der Lage ist zu weinen.

Die Kreativität versiegt. Ein Mensch, der unter Scham leidet, kann verstummen. Oder er wird besessen von der Sucht nach Erfolg – dem Erfolg, der alle anderen von dem überzeugen soll, woran er selbst nicht glaubt: dass er es wert ist zu leben.

Noch einige Worte zum Thema Scham und darüber, wo Heilung zu finden ist. Ich habe jahrelang über der Frage gegrübelt, warum ich die Sündenvergebung nie so befreiend erlebte, wie ich es eigentlich erhofft und geglaubt hatte. „Warte! Stopp! Ich bin noch nicht fertig – ich habe bestimmt noch etwas zu bekennen!" Mein Problem hatte damit zu tun, dass ich viel zu nett und tüchtig war, und außerdem war ich betrübt darüber, dass ich stolz darauf war, so demütig zu sein, dass ich meinen Stolz erkannte … ein neurotisches Karussell, aber keine „anständigen" Sünden.

Mit den Jahren wurde es ein wenig besser.

Doch die vage Last einer unbefreiten Seele blieb bestehen … bis ich in Südschweden einen Pfarrer traf, der zu mir sagte: „Wissen Sie nicht, dass es eine liturgische Antwort auf die Scham gibt? Das ist der Segen, die letzten Worte, die in jedem Sonntagsgottesdienst in der Kirche gesprochen werden: *Der Herr segne dich und behüte dich. Der Herr lasse sein Angesicht leuchten über dir…*"

In dem Augenblick erkannte ich, dass es dies war, was ich gesucht hatte. Die Scham war für mich ein größeres Problem als die Schuld, und hier gab es die Antwort. Der Segen war für mich schon immer der Höhepunkt des Gottesdienstes gewesen. Das tiefe Gefühl, akzeptiert zu werden. Das Gefühl, das ich als Kind im warmen Blick meiner Großmutter spürte, erlebe ich in den Worten des viertausend Jahre alten aaronitischen Segens und den erhobenen offenen Händen des Pfarrers: Ich bin geliebt und angenommen, einfach deshalb, weil es mich gibt. Das Leben will meine Existenz. Ich bin vom ganzen Kosmos akzeptiert.

Auf der Insel Gotland traf ich im vergangenen Jahr einen Töpfer. Er arbeitet mit Rakubrand, einer schwierigen Technik, bei der das Ergebnis nur schwer vorhersagbar ist. Manchmal zerspringt ihm das Gefäß während des Brennens. Aber er wirft keins von ihnen weg. Stattdessen füllt er den Sprung mit reinem Gold. Das sieht aus wie ein Segen in reiner physischer Form. Ich habe niemals so schöne Gefäße gesehen.

Wenn uns alles andere genommen wird, bleibt doch der Segen. Ich glaube, dass Dietrich Bonhoeffer in Gegenwart des „leuchtenden Angesichts" sein letztes Gebet sprach, unbekleidet, im Morgengrauen des 9. April, unter einem Baum in Flossenbürg.

Der Mandelbaum blüht, bevor sich die Blätter entfalten.
Das Gesetz ist in unsere Herzen geschrieben.
Der Töpfer fängt hier noch einmal an, heute.
So ist Gott.

Denn deine Macht gründet nicht auf großen Armeen,
deine Herrschaft braucht keine großen Kämpfer.
Nein, du bist der Gott der Unterdrückten,
du bist der Helfer der Schwachen,
Schutz der Kraftlosen,
Beschützer derer, die aufgegeben haben,
ein Retter für alle, die ohne Hoffnung sind.

Judit 9,11

Jona
Auf der Flucht

Da wurde Jona sehr unzufrieden. Im Zorn betete
er zum Herrn:
„Herr, habe ich das nicht schon gesagt, als ich noch
zu Hause war? Darum wollte ich beim letzten Mal
nach Tarschisch flüchten. Ich wusste ja, dass du ein
gnädiger und barmherziger Gott bist, zurückhaltend
im Zorn und reich an Liebe, bereit, das Böse zu
bereuen, das du angedroht hast.
So nimm mein Leben, Herr, es ist besser für mich
zu sterben als zu leben."
Der Herr sagte:
„Hast du einen Grund, zornig zu sein?"

Wenn man auf den biblischen Jona zu sprechen kommt, muss man auf eine ganze Reihe halsbrecherischer Situationen gefasst sein – und manchmal auch laut loslachen.

Diese Erzählung habe ich immer als eine fantastisch gute Lügengeschichte mit deutlich ironischer Botschaft gelesen. Lügengeschichten gibt es nicht nur, um etwas Außergewöhnliches zu berichten (zum Beispiel dass man von einem großen Fisch verschluckt werden und trotzdem überleben kann). Sie bieten mitten in ihrer verrückten Tragikomik eine besondere Pointe – warum sollte man sich sonst die Mühe machen, sie zu erzählen?

Übrigens gibt es die eine oder andere seltene Zeugenaussage, dass jemand von einem riesigen Fisch verschluckt wurde und überlebte. Ich hörte zum Beispiel von einem schwedischen Seemann ... (Aber das ist eine völlig andere Geschichte.)

Doch lassen Sie uns alles der Reihe nach betrachten (und dies hier ist also meine persönliche Version): Jona kommt reichlich spät zum Essen nach Hause, aber nimmt gar nicht wahr, dass seine Frau darüber klagt. Er macht einen zerstreuten und erregten Eindruck und spricht davon, sich einen Bart wachsen zu lassen.

„Einen Bart, warum denn das?", fragt seine Frau misstrauisch (hat er sich etwa in eine andere verliebt?).

Da reißt sich Jona endlich von seinem Spiegelbild los und schaut sie ernst an.

„Du kannst mir gratulieren", sagt er. „Ich werde Prophet."

„Prophet!", ruft seine Frau (höhnisch).

„Ja, Prophet", sagt Jona. „Auf dem Heimweg heute hatte ich eine Art Eingebung – so als würde jemand zu mir sprechen, in meinem Innern: Es steht schlecht um die Stadt Ninive. Gewalt, Korruption, Umweltzerstörung und Wucherzinsen. Jemand muss sie warnen. Du, Jona, bist der Mann. Es ist Gott, der zu dir spricht. Morgen wirst du dorthin reisen, grüß sie von mir und teile ihnen mit – wenn sie damit nicht aufhören und es bereuen, wird ihre Stadt untergehen. Samt Tieren und allem anderen."

„Ninive?", sagt seine Frau. „Liegt das nicht in Babylon?"

„Genau", sagt Jona stolz. „Das ist im Ausland. Ich muss eine Fahrkarte besorgen und so schnell wie möglich abreisen. Internationaler Auftrag."

„Kannst du nicht den wahren Grund sagen?", hakt seine Frau nach. „Du willst mich verlassen."

„Nein, das stimmt nicht!", beteuert Jona.

Er schweigt und sagt nach einer Weile:

„Wenn ich genauer darüber nachdenke, ist das tatsächlich ... ja, Ausland. Eine Menge Ausländer. Ich weiß ja nicht mal, ob sie verstehen, was ich sage. Man hat ja schon so viel über diese Ausländer gehört. Wer weiß, was die tun? Vielleicht mache ich sie nur wütend."

Seine Frau weint, und Jona grübelt weiter, ob es wohl eine Reiseversicherung für Propheten gibt. Wenn das so schlecht in Ninive aussieht, wie die innere Stimme behauptet, kann es gefährlich werden, dorthin zu gehen. Man weiß ja, wie die Ausländer sind. Undankbar und rachsüchtig, wenn man sie kritisiert. Vielleicht schlagen sie ihn tot, bevor er überhaupt alles gesagt hat.

„Eigentlich will ich da gar nicht hin", sagt Jona „Ich wünschte, ich hätte diese innere Stimme nie gehört. Jetzt weiß ich weder ein noch aus." Er beginnt zu weinen.

„Vielleicht hast du dir das ja alles auch nur eingebildet. Jetzt iss erst mal."

Und es wird Abend.

„Ich fühle mich nicht gut", sagt Jona, als seine Frau ihn vor der Nacht noch ein wenig umarmen will. „Gar nicht gut. Genauer gesagt, ich fühle mich entsetzlich."

„Du bist wohl etwas aus der Balance geraten", sagt seine Frau, die anfängt, sich Sorgen zu machen.

Nachdem sich Jona bis in die frühen Morgenstunden im Bett hin und her gewälzt hat, schläft er endlich ein. Sein kurzer, unruhiger Schlaf wird bald beendet, denn bei Sonnenaufgang wacht er mit einem Ruck auf. Er sieht völlig gehetzt aus.

„Es geht dir nicht gut", sagt seine Frau.

„Ich bin nicht ich selbst", sagt Jona. „Das war zu viel in letzter Zeit. Ich sollte verreisen und mich erholen."

„Aber vielleicht war es das, was die Stimme dir sagen wollte", schlägt seine Frau vor.

„Ja, vielleicht", sagt Jona, und langsam dämmert es ihm. Ja! So muss das gewesen sein. Das war bestimmt eine Warnung für mich, ganz einfach. Dass ich die Ruhe bewahren soll. Etwas anderes sehen. Mir einen Tag frei nehmen. Mich erholen. Ich bin vielleicht ein bisschen überspannt.

So drückt sich Jona natürlich nicht in der Erzählung aus, wie sie in der Bibel überliefert ist. Aber sie trägt volkstümliche und umgangssprachliche Züge, die mich zu ein wenig Komik verleitet haben.

Jona bucht eine schöne Reise (vielleicht mit Wellnessangeboten) zu einem Ort, der natürlich so weit wie möglich von Ninive entfernt liegt. Herrlich. Er hat das Problem mit dem beunruhigenden Auftrag gelöst. Das war keine Berufung, Prophet zu werden und eventuell eine Stadt mit Fremden vor dem Untergang zu retten. Es war ein kleiner Hinweis darauf, stattdessen etwas für sich selbst zu tun. Jona ist der Mann, der seine Ruhe haben will. Er hat noch nie einer Fliege etwas zuleide getan.

Auf der anderen Seite hat er auch noch nie so viel geholfen wie eine Fliege. Aber das ist eine andere Geschichte. Das ist so, wie es der Schriftsteller Claes Andersson geschrieben hat: Nimm dich in Acht vor denen, die nur ihre Ruhe haben wollen. Ihnen ist dafür jedes Mittel recht.

Jona hat sich gerade ein wenig in seiner Kabine entspannt (B-Kategorie, man kann sich schließlich nicht alles leisten, und diese ist auf jeden Fall ganz neu) und war eingeschlafen, als er wieder aufwacht, weil sich das Schiff plötzlich zur Seite neigt. Wie irritierend! Kann der Steuermann nicht etwas mehr Rücksicht auf die Passagiere nehmen und die schlimmsten Wellenkämme meiden?

Er versucht weiterzuschlafen. Doch das Schiff schaukelt immer heftiger. Er hört, wie der Wind an Stärke zunimmt, bis das ganze Schiff zittert. Was für ein Pech mit dem Urlaubswetter! Jetzt geht es ihm wirklich schlecht.

Er hört erregte Stimmen und Schritte vor seiner Kabine. Irgendjemand reißt die Tür auf. Er will gerade fragen, warum man sich erst jetzt erkundigt, wie es den

Passagieren geht, als er mehrere Gesichter in der Tür-
öffnung sieht. Ein Mann zeigt auf ihn und ruft:

„Das ist er! Er heißt Jona. Das ist der Fremde!"

Unverschämt, denkt Jona, die Besatzung besteht aus
Ausländern, aber ich bin doch keiner.

„Was tun Sie hier?", fragt der Kapitän, der auch in der
Schar derer auftaucht, die sich in seine Kabine drängen.

„Was ich tue", sagt Jona aufgebracht. „Ich bin unterwegs, weil ich mich erholen will. Ich bekam die sonderbare Idee, dass Gott von mir erwartet, als Prophet
nach Ninive zu reisen … seitdem geht es mir nicht gut."
(In dem Augenblick verspürt er einen starken Brechreiz,
so dass er kaum weitersprechen kann.) „Da habe ich
eine Reise in die entgegengesetzte Richtung gebucht.
Ich wollte einfach weg."

„Da haben wir die Erklärung", sagt der Kapitän. „Ein
Mann im Konflikt mit seiner Berufung. Kein Wunder,
dass wir hier so einen Sturm haben!"

Jona ist jetzt so seekrank, dass er gar nicht mehr gegen
die ungerechten Beschuldigungen protestieren kann.
Noch nie in seinem Leben ging es ihm so schlecht. Er
ist völlig weiß im Gesicht und sagt mit kaum hörbarer
Stimme:

„Ich kann nicht mehr … schleudert mich ins Meer …
werft mich über Bord … ich halte das nicht mehr
aus …"

„Genau das werden wir tun", sagt der Kapitän.

Und Jona wird über Bord geworfen, als Opfer, um das
tobende Meer zu beruhigen. Die Aktion ist erfolgreich:
Der Sturm legt sich bereits, als Jona versinkt. (Primitiv,
aber effektiv.)

Hier kommt der Auftritt des großen Fisches. Er öffnet seinen Rachen und verschlingt Jona. Jetzt sieht es wirklich schlecht für ihn aus! Walfisch, so steht es in vielen Bibel-Nacherzählungen. Doch die meisten Wale haben einen sehr kleinen Schlund. Wenn man diesen Text als historische Schilderung lesen will, bekommt man ein Problem. Zum Glück steht im Originaltext nicht „Walfisch", sondern nur „ein großer Fisch". Wir können also die Erzählung fortsetzen, ohne im Schlund stecken zu bleiben.

Im Fisch spricht Jona ein Gebet, über das man nun wirklich nicht lachen kann. Es ist schön und ernst und ähnelt Gebeten um Rettung, wie man sie im Psalter lesen kann. Er betet um sein Leben. Und gegen alle negativen Aussichten schwimmt der Fisch in die Nähe des Ufers und speit Jona aus an einen unbekannten Strand. Fantastisch! Bis er das Schild am Strand entdeckt. Ein großes Schild. Mit dem Text: WILLKOMMEN IN NINIVE BEACH.

Er hatte eine Reise Richtung Westen gebucht, weit entfernt von Ninive. Doch der Fisch schwamm ostwärts. Überraschung! Es ist nicht so einfach, einem göttlichen Auftrag zu entfliehen. Als seine Kleider getrocknet sind und er etwas gegessen hat, macht er sich also auf den Weg in die Stadt. Er stellt sich auf den Marktplatz und räuspert sich, bevor er seine Rede beginnt:

„Hört zu! Es steht schlecht um diese Stadt. Ich habe eine Warnung von Gott. Wenn ihr nicht alle umkehrt und bereut, was ihr Böses getan habt, wird die Stadt vernichtet werden. Ende der Mitteilung."

Er kommt sich ganz schön albern vor. Und er ist verärgert über Gott, der ihn zwingt, Sachen zu sagen, die er vorher noch nie gesagt hat. Zu Menschen zu reden, die nicht mal richtig seine Sprache sprechen. Gar nicht zu reden von den sonderbaren Gewürzen hier im Essen. Aber gut, jetzt hat er sein Teil getan. Er verlässt Ninive und klettert auf einen Hügel in der Nähe. Dort hat er einen guten Überblick über die Verwüstung, die bald die Stadt treffen wird. Unheimlich, aber interessant, einen richtigen Untergang mitzuerleben.

Es wird Nachmittag und Abend, und aus der Entfernung sieht und hört Jona, wie die Stadt plötzlich vor Aktivität zu brodeln beginnt. Die Menschen rufen einander zu:

„Wir müssen unser Leben ändern, bevor es zu spät ist!"

Er beobachtet die Menschen, wie sie Dinge zurückbringen, die sie gestohlen haben. Börsenmakler bitten öffentlich um Verzeihung, dass sie auf Lebensmittelpreise spekuliert haben. Sogar der König tritt auf den Balkon seines Schlosses und verordnet einen allgemeinen Trauer- und Fasttag. Alle, sogar die Kinder, tragen Trauerkleidung (zu der Zeit waren das Sack und Asche). Und noch nicht genug damit! Auch die Ziegen draußen auf den Hügeln nahe der Stadt tragen Sack und Asche. Pferde, Hunde, Hühner, alles Vieh in der ganzen Stadt fastet und trägt Trauerkleider. Sogar die Ameisen!

Das wäre bei uns zu Hause undenkbar, meint Jona. Sogar die Tiere fasten und bereuen. Ob das nicht doch ein wenig übertrieben ist …

Die Sonne geht hinter der Stadtmauer unter, und Jona wartet auf die Katastrophe. Klagelieder sind vom Tempel in der Stadt zu hören, Klagelieder und Gebete. Bald kommt der Untergang, denkt Jona grimmig, aber er ist dabei ganz zufrieden. Und ich war dort als der göttliche Bote … das war anstrengend … ich habe ja praktisch mein Leben dafür riskiert …

Schließlich schläft er ein, vor reiner Übermüdung.

Als er aufwacht, ist es um ihn herum hell. Hell und still.

Er öffnet die Augen, um ein wenig zu den qualmenden Ruinen zu blinzeln und zu dem, was einmal die Stadt Ninive war. Doch er wird grausam enttäuscht. Er sieht gar keine Verwüstung! Nicht eine einzige Ruine. Keine einzige kleine Rauchwolke. Die Stadt steht noch, völlig intakt. Und die Menschen sind draußen auf den Straße und jubeln und danken Gott, dass er sie verschont hat. Nachbarn, die jahrzehntelang in Feindschaft lebten, gehen herum und fragen, ob sie sich gegenseitig helfen können.

Jona ist jetzt wirklich empört. Alles war vergebens. Da hat er so eine lange Reise gemacht und die Fahrkarte selbst bezahlt (wenn auch sicherlich zu einem anderen Reiseziel, aber trotzdem). Er hat Schiffbruch erlitten und wäre fast gestorben, als ihn ein Fisch verschluckt hat. Er stand auf dem Marktplatz in Ninive und hat sich mit seiner Predigt vom Jüngsten Tag lächerlich gemacht. Er hat wirklich versucht, den Auftrag auf beste Weise zu erfüllen. Und was ist draus geworden? Nichts! All diese Ausländer gehen herum, als wäre nichts geschehen! Und das Schlimmste von allem – es ist *tatsächlich* nichts geschehen! Kein Untergang! Was ist das für ein

Gott, der nicht zu dem stehen kann, was er selbst gesagt hat? Hätte Jona nicht stattdessen zu Hause bleiben und seine Ruhe haben können? Wen scheren schon diese Ausländer, die nur gehen und bereuen, sobald ihnen das jemand sagt!

Die Sonne brennt auf den Kopf von Jona, und ein kleiner Busch neben ihm beginnt ungewöhnlich schnell zu wachsen.

Der wirft einen angenehmen Schatten, während Jona über Gottes Misserfolg brütet. Ein totales Fiasko!

Was soll man nun von all dem halten? Man kann sich ja auf gar nichts mehr verlassen.

Der Busch, der ihm Schatten spendet, scheint seine maximale Wuchshöhe nach einer Stunde erreicht zu haben. Das gleicht einem Wunder, aber Jona hat keine Zeit, sich mit so etwas zu beschäftigen. Er hat schließlich eine Menge Schwierigkeiten gehabt, und was ist der Dank? Kein Untergang! Während er deswegen noch vor sich hingrummelt, bemerkt er, wie der Busch in seiner Nähe nicht richtig gedeiht. Er hängt schlaff herunter und beginnt zusammenzuschrumpfen. Ja, soll dieser Busch jetzt etwa sterben? Hätte er nicht noch etwas länger leben können?

In dem Augenblick meint Jona wieder diese innere Stimme zu hören. Sehr deutlich. Und sie sagt:

„Jona, um einen Busch machst du dir Gedanken und findest, dass er noch leben sollte? Und du bist ärgerlich, dass ich Ninive verschont habe? Du kümmerst dich um einen Busch. Sollte ich mich da nicht um eine ganze Stadt kümmern – mit hunderttausend Einwohnern, und außerdem einer großen Menge Tiere?"

Die Erzählung von Jona ist nicht nur ein Beispiel für jemanden, der sich vor seiner Berufung drückt, sondern zugleich die beste Lügengeschichte gegen Fremdenfeindlichkeit, die ich kenne.

Josef Marias Mann

Der Vater

Mit der Geburt Jesu Christi verhielt es sich so:
Seine Mutter, Maria, war verlobt mit Josef, aber
bevor sie begonnen hatten zusammenzuleben,
zeigte es sich, dass sie schwanger war durch den
Heiligen Geist.
Ihr Mann Josef, der gerecht war und keine
Schande über sie bringen wollte, überlegte, sich
von ihr stillschweigend zu trennen. Aber als er
sich dazu entschlossen hatte, offenbarte sich ihm
ein Engel des Herrn in einem Traum.

Matthäus 1,18–20

Das erste Bild, das ich von der „Heiligen Familie" sah, das heißt von Josef, Maria und dem Jesuskind, befand sich auf einem Lesezeichen. Es war ein richtiger Klassiker mit Stall, Ochse, Esel, Hirten, Schafen, den drei weisen Männern und einem Stern am Dachfirst, darüber ein Spruchband, auf dem stand auf Latein *Soli Deo Gloria* („Allein Gott zur Ehre"), unter den stilisierten Strahlen des Weihnachtssterns. Als ob Latein das Selbstverständlichste der Welt im schwedischen Wohlfahrtsstaat gewesen wäre! Als ob Banderolen mit Engeln und Sternen genau das waren, was man in Schweden über jedem Stall irgendwo draußen auf dem Lande erwartet hätte!

Wir saßen auf dem Schulhof mitten im Triumph der Hygiene, des Nutzens und der Vernunft, in einem der südlichen Vororte Stockholms in den 1950er-Jahren, und waren entzückt über die Ästhetik des 18. Jahrhunderts mit ihrem schwachen Duft von Barock. Selbstverständlich würde man niemals so einen Schatz eintauschen!

Es herrschte eine ziemlich strikte Ordnung auf dem Bild zwischen den wichtigen und den weniger wichtigen Personen.

Im Zentrum lag natürlich das Jesuskind in der Krippe mit einem perfekt angepassten Heiligenschein um sein Haupt, wie eine gelbe Mütze. Neben dem Kind kniete Maria in ihrem blauen Kleid. Josef stand in der Nähe, und seine Rolle bestand darin, verblüfft auszusehen. Im Übrigen blieb er passiv und im Hintergrund. Man erwartete natürlich, dass er angesichts des Kindes ehrfurchtsvoll auftrat und für Maria als Beschützer, aber es waren die Mutter und das Kind, die gemeinsam sowohl die einfachen Hirten empfingen als auch die vornehmen Männer aus dem Ausland (vermutlich aus dem heutigen Irak), die Sache schien klar. Josef war ja nicht „der richtige Vater". Er hatte in dem Drama eine Rolle aus zweiter Hand zugeteilt bekommen.

Dass genau diese Darstellung (die ja auf der biblischen Erzählung beruht) viel später ein Grund war für die bürgerliche Vorstellung der patriarchalischen Kernfamilie, ist fast als Mirakel zu bezeichnen. Die Erzählung, wie Josef seine Vaterschaft wählt, kann kaum gründlicher von der Norm abweichen. Wir haben es hier mit einer unverheirateten Frau zu tun, die ihr Kind zwischen Tieren in einem Stall zur Welt bringt, die internationale Beachtung findet, die definitiv ihren künftigen Mann in den Schatten stellt, aber gleichzeitig von ihm verlangt (wenigstens scheint die Situation es zu erfordern), dass er antreten und sie und das Kind versorgen soll. Bald sind alle drei Flüchtlinge, die versuchen, politischen Todesdrohungen zu entkommen. Die Erzählung bedient keine Fantasien von einem geschützten Idyll, der Vater auf der Arbeit, die Mutter am Herd, gemütliche Abende auf dem Sofa mit Kaffeetablett auf dem Tisch und Glückwünschen für das Kind von Verwandten und Freunden.

Es hat lange gedauert, fast die ganze Kirchengeschichte geschah in dieser Richtung kaum etwas, bis die Aufmerksamkeit auch auf Josef gerichtet wurde und auf seinen Platz in den Erzählungen der Evangelien von der Geburt Jesu. Wir erfahren von ihm, dass er Zimmermann ist und in einem Dorf im nördlichen Teil des

Landes lebt, in Nazaret in Galiläa. Er ist mit Maria verlobt. Verlobung bedeutete in dieser Zeit, dass man noch nicht verheiratet war, nicht zusammenlebte und keinen sexuellen Kontakt hatte, aber dass die Ehe beschlossene Sache war und man die Hochzeit vorbereitete.

Als Josefs junge Verlobte, Maria, zu ihm kommt und von ihrer Schwangerschaft erzählt, ist das sicherlich sehr schmerzhaft für ihn („Wenn ich nicht der Vater bin, wer hat dann mit ihr geschlafen?") und zutiefst beunruhigend. Das Gesetz gebietet, dass eine untreue Frau bestraft und aus der öffentlichen Gemeinschaft ausgestoßen wird.

Würde ihr wider Erwarten die Flucht gelingen oder würde sie die Steinigung überleben, dann hätte sie nur die Aussicht auf ein Leben im Elend. Sie und ihre Familie wären für den Rest ihres Lebens gezeichnet durch Scham. Sie hätte keine Chance, jemand anderen zu heiraten. Eine Verlobung aufzukündigen ist eine öffentliche Handlung, ähnlich wie ein Gerichtsverfahren. Josef hätte das Recht auf Schadensersatz, und Maria wäre fortan rechtlos, nachdem sie Josef und ihre eigene Familie so bloßgestellt hätte. Eine öffentliche Trennung wäre eine Katastrophe für Maria, ihre Zukunft wäre zerstört, vielleicht sogar ihr Leben.

Vielleicht stutzen wir an dem Punkt der Erzählung, als es heißt, dass Josef „gerecht war" (Matthäus 1,19) – und das, obwohl er gleich nachdem er von ihrer Schwangerschaft gehört hat, Maria verlassen will. Doch die Pointe ist, dass er sich still und heimlich von ihr trennen will, um Maria vor der Verachtung durch ihre Mitmenschen zu schützen. Er versucht sie vor dem Spießrutenlaufen in der Öffentlichkeit zu bewahren. In seinem ersten Impuls geht es nicht um seinen eigenen Zorn oder Schmerz, nicht um (berechtigte?) Verletzung seines männlichen Selbstwertgefühls. Er denkt an sie, will sie retten und ihr zur Seite stehen.

In der folgenden Nacht hat Josef einen Traum. Es handelt sich um eine „Verkündigung", ähnlich wie jene, als der Engel Gabriel ausgesandt wird, um Maria zu berichten, dass sie ein Kind bekommen wird, ohne mit einem Mann zusammen gewesen zu sein, dass sie den Messias gebären wird, Gottes Sohn, den Erlöser. Jetzt spricht im Traum ein Engel zu Josef, und er erfährt, dass der eigentümliche Engelbesuch, von dem Maria ihm erzählt hat, der Wahrheit entspricht, wie unglaublich sich das auch anhört. Und Josef verzichtet auf die geplante Trennung und entscheidet sich für die Vaterschaft.

Was kostet es einen Mann in einer patriarchalischen Gesellschaft, einen solchen Beschluss zu fassen? Das Risiko einzugehen, betrogen zu werden? Zum Gelächter der Mitmenschen zu werden, weil er sich so dumm angestellt hat? Zu wissen, dass er in dieser Familie niemals die Hauptrolle spielen wird? Wie viele Männer könnten das ertragen?

Von nun an muss er damit rechnen, dass in seinem Dorf hinter seinem Rücken über ihn geredet wird. Betrogene Ehemänner wurden damals als Esel bezeichnet, und daran hat sich bis heute wohl nur wenig geändert. „Wenn er doch wenigstens sagen könnte, was Sache ist und dass er Maria ihren Seitensprung verziehen hat;

aber zu behaupten, das sei ein göttliches Geschehen: Das ist einfach zu viel!"

Ein Gegenentwurf zum Patriarchat, so schreibt der schwedische Schriftsteller und Theologe Pater Anders Piltz, als er Josefs Geschichte in einem Zeitungsartikel nacherzählt. Wo gibt es eine brauchbare Männertheologie, fragt er, eine Inspiration für heranwachsende und erwachsene Männer, die den Frauen, Kindern und ihnen selbst guttut? Man sollte versuchen, Josef, Marias Mann, als Vorbild hinzustellen, schreibt Piltz:

Der heilige Josef ist der untergeordnete Mann, sicherlich die Nummer drei in der Familie. ... er bekommt einen Gegenbefehl im Traum, den Befehl, keine Angst zu haben, Mut zu zeigen, Mann zu sein in dieser peinlichen Lage ... hier erhält er das Angebot, bei einem Abenteuer dabei zu sein, die juristische Verantwortung für ein Kind zu übernehmen, dessen Vater er nur im Sinne des Gesetzes ist. Er bekommt das Recht, dem Kind einen Namen zu geben, und der Name soll Jeschua (Jesus) sein, Gott rettet, rettet die Menschen aus ihrer hoffnungslosen Situation, von ihren Sünden ... Josef steht außerhalb, aber er übernimmt Verantwortung für das, was er nicht zu verantworten hat: Er wird Pfleger und Wächter der beginnenden zerbrechlichen Geschichte der Errettung. Ein menschliches Geschöpf: Nichts kann zerbrechlicher sein. Und die Umstände bei der Geburt des kleinen Jeschua hätten wahrlich günstiger sein können: überall feindliche Kräfte, ungastliche Zustände, Widerstände, genauso wie heute bei den (nicht anerkannten, Anmerkung der Verfasserin) Einwanderern in Schweden, laut Angaben handelt es sich um elftausend, die sich in Wäldern

und Ferienhäusern versteckt halten, aus Angst vor Behör-
den, Polizei und Abschiebehaft ...

Josef ist ein Freund des Himmels, Vertrauter der Engel,
der Schweigsame, der Arbeiter, der Mann mit einem Innen-
leben. Ein großzügiger Mann, ein wahres Vorbild, offen für
den Willen Gottes, bereit sich aufzuopfern, ein Gegenent-
wurf zum Patriarchat, wo Männer herrschen wollen, ihren
Willen gegen das Wohl und die Wünsche anderer durchset-
zen, Frauen und Kinder unterdrücken.

Es gibt keine Josefzitate in der Bibel – aus dem einfachen Grund, dass er nicht besonders viel redet. Stattdessen tut er etwas. Josef fasst in der neuen Situation
einen Beschluss. Die erste religiöse Pflicht des Vaters
bestand in der damaligen Zeit darin, dem Kind einen
Namen zu geben und dann, vier Tage nach der Geburt,
dafür zu sorgen, dass das Kind in den Tempel gebracht
wird. Schon das ist ein Sicherheitsrisiko. Dann, nach
einem neuen Traum, beschließt er, mit der Familie das
Land zu verlassen und nach Ägypten zu flüchten, bis
sich die politische Situation verändert hat. Josef hat vier
wichtige Träume, und er hört auf sie – auf sein Inneres.

Als die Familie in ihr Heimatdorf zurückkehrt, arbeitet Josef hart, um die Familie zu versorgen, und lehrt
seinen Sohn das Handwerk eines Zimmermanns, so wie
es ihm selbst einmal beigebracht worden ist. Man merkt
es bei den Gleichnissen Jesu, die von verschiedenen Bau-
werken handeln, Türmen und Häusern, dass er etwas
davon verstand, praktisch und theoretisch. Und als Jesus
zwölf Jahre alt ist und der Aufsicht der Eltern entwischt,

im Tempel von Jerusalem, da ist Josef bei Maria, um ihn wiederzufinden. Josef schweigt, als Maria den Jungen zurechtweist, weil er seine Eltern so in Angst versetzt hat. Er schweigt auch, als er den frühreifen, halbwüchsigen Jesus sagen hört: *„Warum sucht ihr mich? Ich muss doch dort sein, wo mein Vater ist"* (Lukas 2,49):

Anders Piltz hat eine Huldigung an Josef skizziert, und ich bin geneigt, seine Ansicht zu teilen. Das Lesezeichen, das wir als Schülerinnen bewunderten, zeigte das Bild eines höchst bemerkenswerten Mannes. Merken Sie sich den Namen: Josef, Marias Mann.

Petrus I

Scheitern

Simon Petrus sagte zu den anderen:
„Ich gehe fischen."
Sie sagten: „Wir kommen mit dir."
Da gingen sie hinaus und stiegen in das Boot,
aber in dieser Nacht fingen sie nichts.

Johannes 21,3

Petrus ist einer der Männer im Kreis um Jesus, und es gibt zahlreiche Textstellen über ihn in den Evangelien. Ihm werden auch einige Briefe zugeschrieben. Etwa aus dem Jahr 100, vielleicht nur 50 bis 60 Jahre nach seinem Tod, gibt es außerdem ein Porträt von ihm. Das Bild zeigt einen kräftigen Mann mit lockigem Haar (wahrscheinlich rot!), und es ist gut möglich, dass es dem historischen Petrus ähnelt. Als Leser kann man also diesem Mann, einem Fischer vom See Gennesaret in Galiläa, eine ziemlich lange Zeit folgen. Er tut sich in etlichen Situationen hervor (ich werde einige davon in diesem und im nächsten Kapitel nacherzählen) und wird als eifrige, willensstarke Persönlichkeit dargestellt, einer, der für das brennt, woran er glaubt. Zum Schluss glaubt man fast, ihn zu kennen. Aber die Erzählung zeigt vor allem einen Mann, der sich selber kennenlernen muss.

Lassen Sie uns ganz spät in der Petrus-Erzählung beginnen: Nach einer Anzahl recht erfolgreicher Wanderungen durch das Land, Wanderungen, die insgesamt einige Jahre dauerten, begann Jesus ein paar beunruhigende Dinge über seine eigene Zukunft zu sagen. Die Menschen waren bisher in Dörfer und Städte zu dem Mann aus Nazaret geströmt, um zu erleben, wie er über das Reich Gottes sprach und Kranke heilte. Petrus hatte schon (selbstverständlich einen Schritt vor den anderen!) begonnen, daran zu glauben, dass es etwas Besonderes mit Jesus auf sich hat, dass Jesus der Messias ist und nicht nur ein Prophet. Eine wilde Hoffnung auf eine Zukunft mit völlig neuen Vorzeichen hatte nicht nur Petrus ergriffen, sondern auch viele andere. Doch jetzt behauptet der Meister, dass er zusammen mit seinen Begleitern auf dem Weg nach Jerusalem ist – weil er inhaftiert und hingerichtet werden muss. Für Petrus ist das ein unerträglicher Gedanke. Es ist leicht vorstellbar, wie er das aufgenommen hat.

„Leiden und sterben?", sagte Petrus mit lauter Stimme und wendete sich den anderen zu, um ihre Reaktion abzuchecken.

Er wollte glauben, falsch verstanden zu haben …

„Du solltest noch mal darüber nachdenken", sagte er, als er bemerkte, dass die anderen schwiegen.

Es gab keinen Nährboden für Scherze, und plötzlich wusste er nicht, welche Miene er aufsetzen sollte. Er wurde flehend und eifernd:

„Wofür soll das gut sein? Ich glaube, dass du gerade jetzt alle Möglichkeiten hast. Es gibt viele, die auf dich setzen. Und du vergisst doch bitte nicht, wie wir uns die ganze Zeit auf dich eingestellt haben … Es geht ja auf jeden Fall darum, irgendwohin zu kommen. Eine Plattform zu bekommen … man soll nicht den Erfolg und das Wohlwollen der Menschen missachten. Die laufen sich ja fast die Füße kaputt, nur um dich zu sehen, da kannst du doch nicht plötzlich …"

Er brach den Satz ab, und kein anderer wagte noch eine Bemerkung zu machen. Die Worte hingen im Raum. Er fühlte sich dumm. Erschüttert und plump zugleich. Irgendetwas stimmte hier nicht. Und noch etwas beunruhigte ihn: „Folge mir", hatte Jesus an einem Tag gesagt, der drei Jahre zurückliegt. Aber wenn der Weg nicht zu Sieg und Triumph führt – was dann?

Kommt Ihnen diese Reaktion nicht irgendwie bekannt vor? Ich glaube, Ähnliches schon in religiösem und auch politischem Umfeld erlebt zu haben. Ein Beispiel gefällig?

„Alle Aktivitäten einstellen?", wiederholte Pastor Pettersson misstrauisch.

Die Jugendlichen, die ihm gegenübersaßen, lächelten. Er spürte eine wachsende Unsicherheit in sich und spielte nervös mit seinem Kugelschreiber.

„Ja, manchmal muss das sterben, was wir selbst aufgebaut haben. Damit das Leben, das Jesus schenkt, richtig in uns wachsen kann", sagte die junge Frau.

„Also schlägst du vor, dass wir alle Menschen hinauswerfen, zu denen wir in den letzten Jahren Kontakt geknüpft haben", sagte Pettersson säuerlich.

Jetzt spürte er endlich wieder festen Boden unter den Füßen, und die Jugendlichen lächelten nicht mehr.

„Und das alles nur, um uns einer religiösen Innerlichkeit zu widmen? Gerade jetzt rechnen wir mit einer Expansion der Jugendarbeit, und ich hatte mir eingeredet, ihr würdet mich dabei unterstützen …"

„Ja, das wollten wir doch gerade", unterbrach ihn der junge Mann. „Wenn wir endlich mit anderen Gemeinden zusammenarbeiten und alle Gedanken an eigenen Erfolg und Expansion zurückstellen, dann glaube ich, würde etwas Neues geschehen …"

Bei der nächsten Zusammenkunft des Kirchenvorstands berichtete Pettersson von dem merkwürdigen Gespräch.

„Mir ist deutlich geworden, dass hier einige andere Ziele verfolgen als die unseren. Es stellt sich die Frage, wie unsere Jugendarbeit das hundertjährige Jubiläum überleben kann. Wir müssen neue Wege gehen, um unsere Arbeit zu profilieren ... und da kommen diese Jugendlichen und reden davon, alles einzustellen!"

Oder ein anderes Beispiel:

„Es gibt schließlich Wahlen in diesem Jahr", sagte Johansson und starrte feindselig auf seinen Vorredner.

Er hatte eine Art, Selbstverständlichkeiten so zu präsentieren, als würde es sich um bisher unbekannte Tatsachen handeln. Aber dieses Mal hatte er den Eindruck, die Mehrheit auf seiner Seite zu haben, und sein Vorredner saß völlig geduckt und unsicher auf seinem Stuhl. Auf jeden Fall glaubte Johansson, dass es sich so verhalte.

„Das hört sich alles schön an", sagte er und erhob die Stimme, so dass alle Anwesenden ihn verstehen konnten. „Und wir hören das ja alles nicht zum ersten Mal. Zurück zum Ursprung unserer Bewegung, die alten Ideale hochhalten und noch einiges mehr. Der Redner unterstellt also, die Partei sei auf gewisse Weise korrumpiert. Gleichzeitig ist ihm gar nicht bewusst, welche historische Entwicklung wir erlebt haben. Wir blicken zurück auf eine allgemeine Steigerung des Wohlstands und zugleich auf große Erfolge unserer Partei. Will der Redner das auch abschaffen?"

Er erwartete eigentlich keine Antwort, doch der Mann richtete sich tatsächlich auf und sagte:

„Ja, wenn es den Menschen dient. Nicht nur den Menschen in unserem Land, sondern auch in anderen

Ländern. Wir müssen endlich einsehen, dass wir nicht isoliert von der ‚Entwicklung' anderer leben. Wir müssen unsere Mitglieder zur Solidarität auffordern, dass sie ihr Teil dazu beitragen, die Ausplünderung unseres Planeten zu stoppen – es geht dabei auch um Verzicht, und egal ob wir das wollen oder nicht, wir sollten darauf vorbereitet sein …"

„Es sieht so aus, als würde der Redner Werbung für eine eigene Partei machen", sagte Johansson und bemerkte zu seiner Erleichterung, dass einige im Raum zu lachen begannen. „Der Redner glaubt bestimmt selbst nicht, dass wir uns damit zur Wahl stellen könnten. Das wäre der Tod der Partei."

Wenn ich die Petrus-Erzählung lese und sehe, dass er seine Einwände gegen den Weg des Meisters äußert, weil dieser Weg nicht zu Erfolg und Expansion führt, dann wird mir deutlich: Das sind auch unsere Einwände. Seine Worte von vor zweitausend Jahren könnten auch heute geäußert werden. Unsere Zivilisation ist ein Prachtbeispiel für die Haltung des Petrus.

Wir haben gelernt, eine ständig ansteigende grafische Kurve als Maß für ein sinnvolles Leben zu betrachten. Diese Auffassung gilt heute in unserer Kultur als selbstverständlich. Wenn nicht alles in immer neue Höhen steigt, werden wir ängstlich. Ich glaube, das liegt daran, dass wir Angst vor Schwäche und Schmerzen haben und dass wir nicht an den Tod erinnert werden wollen. Ein Teil dieser Furcht ist sogar natürlich und gesund. Mit dem Leben verbundene Menschen suchen nicht ihren eigenen Untergang! (Leider gibt es in Religion und Politik nicht *nur* mit dem Leben verbundene Menschen.) Aber da wir in der Wirklichkeit unter Verlusten und Qualen leiden, brauchen wir einen Zugang zum Leben, in dem auch für solche Erfahrungen Platz ist, sonst sind wir gezwungen, mit enormen Scheuklappen zu leben.

Wahrscheinlich haben wir Probleme mit allem, bei dem die Kurve nicht nach oben zeigt, weil das nicht zu unserer Vorstellung von einem lebenswerten Leben passt. Aber man kann in der Tat auch andere Kurven verwenden. Auf alten Wandbehängen ist die „Alterstreppe" zu sehen; sie zeigt ein Menschenleben, das zuerst aufsteigt und dann wieder nach unten führt. Das Lebensrad, die Kreisbewegung, spricht von dem, was immer wiederkommt. Und die Wellenbewegung, die Kurve, die zuerst nach unten und dann wieder nach oben weist – durch Tod zum Leben –, kann in der Tat auch ein gültiges Muster sein, um das Leben zu erklären, vielleicht dauerhafter als das ewige „besser und besser" und das „Tag für Tag".

In dem Erstlingsroman von Lars Ahlin (1915–1997) „Tobb mit dem Manifest" (auf Deutsch: Hamburg 1948) wurde der junge Tobb mit dem Wendepunkt in der Erfolgskurve konfrontiert, als sein bester Freund starb. Tobb trug stets *Das kommunistische Manifest* nahe seinem Herzen, weil er für eine neue Zukunft für die Arbeiter kämpfen wollte. Aber über den Tod sagte das Manifest nichts. Dort gab es kein Wort darüber, wie man mit dieser Frage umgehen kann.

Dort stand auch nichts darüber, was man tun kann, wenn man – wahnsinnig verliebt – im Liebestaumel entblößt wird mit schmutzigen Unterhosen. Wie kann man sich die Hoffnung auch dann bewahren, wenn das Tragische (oder Tragikomische) eintrifft? Auch die postmodernen Verfechter freier Märkte mit einem blinden Glauben an das Heil durch Wachstum haben da keine Antworten. Ihr blinder Glaube führt weder zu Weisheit noch zu Reife. Und erst recht nicht zum Heil.

Es wird dunkel um Petrus, der herauszufinden versucht, was der Meister vorhat. Lassen Sie mich jetzt von einer zweiten Situation berichten: Petrus befindet sich eines späten Abends im Kreis der engsten Begleiter, die zusammengekommen sind, um in Jerusalem ein geheimes Ostermahl mit Jesus zu feiern. Er beginnt zu verstehen, dass es böse ausgehen kann hier in Jerusalem, dass es Kampf bedeuten kann und dass Jesus Feinde hat. Jetzt heißt es anzutreten! Farbe bekennen! Sein Herz brennt, als er versichert: „Auch wenn alle anderen dich verlassen, Herr, werde ich es niemals tun. Ich will mein Leben für dich geben" (Matthäus 26,33; Lukas 22,33)
So stelle ich mir das Ganze vor:

„Das grüne Zimmer", sagte Petrus. „Wir können uns da oben versammeln. Johannes und ich treffen die Vorbereitungen, ihr könnt dann etwas später kommen. Aber nicht alle auf einmal! Immer nur einige zusammen, so macht sich niemand Gedanken, was da oben passiert."
Sie hatten es so gemacht, wie Jesus es ihnen gesagt hatte: sie sind nach Jerusalem gegangen und haben nach einem Mann mit einem Wasserkrug auf dem Kopf gesucht (sehr ungewöhnlich, denn Wasserholen ist Frauen-

arbeit; so war das vereinbarte Zeichen deutlich genug). Das war der Mann, der seine Wohnung an Jesus und die anderen verleihen würde. Und das stimmte tatsächlich. Der Mann nickte und war einverstanden:

„Ja, sicher, der Raum ist in Ordnung. Ich wünsche euch einen schönen Abend!"

Öllampen beleuchteten den Raum, und der Tisch war festlich gedeckt mit allem, was dazugehört: Ungesäuertes Brot, bittere Kräuter, Wein, Lamm. Petrus konnte es kaum abwarten. In den nachdenklichen Augen von Johannes spiegelten sich Freude und Erwartung.

Dann mittendrin, als sie schon eine Weile gegessen hatten, erhob sich Jesus. Zuerst hatte niemand eine Vorstellung, warum. Er legte seine Oberkleidung ab und band sich ein Leinentuch um, so wie es die Frauen beim Backen tun. Es wurde am ganzen Tisch still, als er Wasser in eine Waschschüssel goss. Er selbst sagte gar nichts.

Jesus trug die Schüssel hinüber zum Tisch, sie war schwer, aber niemand wagte sich zu bewegen und ihm zu helfen, und als er sie absetzte, schwappte das Wasser auf den Boden, ein Teil davon genau auf den Platz von Jakobus. Er band Jakobus die Sandalen auf, tauchte die Füße ins Wasser und wusch sie ihm. Danach wusch er auch die Füße der anderen, sorgfältig, wie ein Sklave es getan hätte. Matthäus, Thomas der Zweifler, Simon der Revolutionär, Judas Ischariot, Philippus.

Petrus hatte das Gefühl, als würde die Bank unter ihm brennen, als Jesus sich seinem Platz näherte. Ein Erinnerungsbild stieg in ihm hoch, geheimgehalten, kostbar: „... wir waren mit ihm oben auf dem Berg

Tabor. Und seine Kleider wurden verwandelt und sein Gesicht, ein strahlendes weißes Licht, von innen und außen wie Ströme von Wahrheit und Liebe, und eine Stimme aus der Wolke rief: Das ist mein geliebter Sohn, hört auf ihn …"

Jesus hockte jetzt vor ihm.

„Willst du … meine Füße waschen?", fragte Petrus und brach seine Rede mitten im Sprechen ab. Am liebsten wäre er einfach davongestürzt. „Nie im Leben!", rief er und zog die Füße weg. „Es ist nicht richtig, dass du das tust!"

„Wenn ich dir nicht die Füße waschen darf, hast du keine Gemeinschaft mit mir."

„Ja, wenn das so ist, dann wasche mich ganz", sagte Petrus mit einem Seufzer.

„Das ist nicht nötig", sagte Jesus, und alle lachten, als die Spannung nachließ und Jesus lächelte: „Wer einmal gewaschen ist, muss nicht noch einmal gewaschen werden – er muss dann nur noch die Füße waschen. Solange er wandert, wird er wieder schmutzig, aber inwendig ist er rein. Versteht ihr? Wenn ich, euer Meister und Herr, mich niedergebeugt habe, um euch die Füße zu waschen, dann schuldet ihr euch auch gegenseitig diesen Dienst."

Die Ostermahlzeit war vergessen. Die Morgendämmerung begann nach einer schweren Nacht. Petrus konnte kaum klar denken. Die Angst in Getsemani. Jesus verraten und gefangen genommen. Hier stand er jetzt im Hof des Hauses, zu dem sie Jesus geführt hatten, und versuchte sich an einem Kohlefeuer die Hände zu wärmen. Er war übermüdet vor Furcht und Schmerz. Als ein Dienstmädchen seinen groben, galiläischen Dialekt hörte und ihm vorwarf, auch zu diesem Jesus zu gehören, geriet er in Panik: „Ich habe damit überhaupt nichts zu tun! Ich kenne den Kerl gar nicht!"

Jesus drehte sich um und sah quer über den Hof zu Petrus. Genau in diesem Augenblick hörte er das raue Krähen eines Hahnes, irgendwo in der Nähe.

„Bevor diese Nacht zu Ende geht, wirst du mich verleugnen", so hatte ihm Jesus während der Mahlzeit geantwortet, als Petrus versprochen hatte, für ihn in den Tod zu gehen.

Der Hahn war das Zeichen dafür, dass die Nacht vorbei war.

Und er hatte Jesus verleugnet. Getroffen von seinem Blick wie von einem brennenden Schwert, senkte Petrus schnell sein Haupt – und sah seine Füße.

Sie waren wieder schmutzig geworden. Er lief vom Hof hinaus, lehnte sich an die Mauer und weinte.

In so einer Lage, da würde man gern wissen, wie es einem wie Petrus ergeht, oder? Einem, der etwas Gutes für die Welt tun möchte. Der seine eigene Kraft überschätzt und nicht verstanden hat, dass der „gute Wille" manchmal nicht ausreicht. Was macht man da? Wenn das Unglück passiert ist? Wenn nichts so wird, wie man gedacht hat? Wenn es aussieht, als würden Gewalt, Bosheit, Dunkelheit triumphieren, und zwar auf eine völlig undramatische Weise, allein durch Angst, Unsicherheit, Feigheit, fehlende Einsicht (und man steht dort mit seinen eigenen aufrichtigen, guten Absichten, die

Füße schmutzig vom Kohlefeuer, wo das Gute gerade gefangen genommen wurde, ohne dass man den Mut hatte, sich zu ihm zu bekennen)?

Vielleicht macht man dasselbe, was Petrus nach dem Tod seines Meisters getan hat, man geht fischen. Dort treffen wir ihn in der dritten Situation, die ich nacherzählen will. „Komm, lass uns fischen gehen." Das ist eine Trauerreaktion. Aus der Hoffnung, Gott würde siegen und triumphieren, wurde nichts als Scham. Die Hoffnung auf Gott, auf seine Macht gegen Unterdrücker, auf den unverwundbaren Helden oder den Hauptgewinn des Lebens, war gebrochen. Wenn wir einen großen, unbegreiflichen Verlust erlitten haben, so sagen Trauerforscher, dann ziehen wir uns zurück in eine Phase, in ein Energiefeld in unserem Leben aus der Zeit, *bevor* das Schwere geschah. Die Zeit, bevor alles kaputtging. Wir gehen zu dem, was wir kennen und greifen können. Petrus besaß einen Fischereibetrieb am See Gennesaret in Galiläa. Den hatte er verlassen, um Jesus zu folgen. Jetzt kehrt er zurück, um das zu tun, was auf jeden Fall funktioniert. Das hier kann er, er weiß, was er tut, und bringt die Erfahrung von vielen Jahren mit. Gemeinsam mit einigen anderen aus dem Kreis um Jesus zieht er wieder Richtung Norden.

Aber dieses Mal funktioniert nicht einmal das Wohlbekannte. Sie arbeiten die ganze Nacht, und obwohl sie alle Kniffe kennen und genau über die besten Fanggründe und Zeiten Bescheid wissen, funktioniert gar nichts. Nicht einmal auf das, was früher galt, ist heute noch Verlass! Das kann die Trauer aus einem Menschen machen: Selbst das Alte und Gewohnte erscheint leer und fremdartig. Hat es das Alte so überhaupt gegeben? Nichts geht mehr. Kein einziger Fisch.

Da steht eine einzelne Person am Strand, so geht die Erzählung weiter. Sie reden miteinander, jetzt früh am Morgen, und die Stimmen tragen weit über das klare Wasser und sind deutlich zu verstehen.

Kinder, sagt die Stimme.

Paidia auf Griechisch. Auf Deutsch vielleicht am ehesten: „Jungs!" Ein verspieltes, alltägliches Wort zu müden erwachsenen Männern, die keineswegs spielen. „Jungs, habt ihr etwas zu essen?"

Die Worte klingen über das Wasser. Und Petrus beginnt zu ahnen, wer ihn da ruft. Was für eine Frage für jemanden, der gerade den Tod besiegt hat! Was will er überhaupt hier? Hier am Strand ganz im Norden des Landes? Direkt an der Peripherie des stolzen römischen Reiches? Bei einer armen, hart arbeitenden, ungebildeten, aufrührerischen Bevölkerung, die einen groben, einfachen Dialekt spricht?

Warum ruft er seine Anhänger „Kinder" und nicht Mitkämpfer? Warum ist er mehr an ihrer Trauer und besonders an ihrem Frühstück interessiert als an seiner eigenen Bedeutung?

Habt ihr etwas zu essen?

Man kann nicht behaupten, dass es sich hier um Herrscherworte handelt. So etwas würde man nie während eines Wahlkampfes sagen oder auf der Pressekonferenz eines Triumphators. Ein Diktator stellt solche Fragen nicht. Er hat an Wichtigeres zu denken: den Erhalt seiner Macht. Warum sagt Jesus nicht:

*Aber seht ihr nicht, dass ICH es bin? Ich habe gewonnen,
wie versprochen, jetzt kommt her und feiert mich!*

Warum mietet er nicht eine Suite im besten Hotel
von Jerusalem und feiert mit einem imponierenden
Festessen?

Die Frage „Habt ihr etwas zu essen?" galt zu der damaligen Zeit (und für die meisten wohl auch noch heute) als typische Frauenfrage. Wir haben das schon früher gehört. Frauen stellen diese Frage täglich überall auf
der Welt. Die Frage gerade in dieser Situation hört sich
so unwahrscheinlich an, dass ich mir kaum vorstellen
kann, einige rachsüchtige, siegestrunkene Jesus-Anhänger wären darauf gekommen.

Aber wie dem auch sei. Was ich in dieser Erzählung
lese, erweckt den Eindruck, als würde ein anderes Got-
tesbild versuchen, die alten Textschichten, Erwartungen
und Vorstellungen zu durchdringen. Mir begegnet eine
Einfachheit, die so irdisch und physisch ist, dass ich sie
kaum zu akzeptieren wage. Hier steht ein Mann, von
dem berichtet wird, dass er den Tod besiegt hat. Und
was tut er? Er grillt Fisch am Strand.

Er macht müden Männern wieder Mut. Er ist wie
eine Frau, die ihren Kindern das Frühstück auftischt.
Und Petrus springt aus dem Boot, wird völlig nass,
kommt triefend vor den anderen an den Strand:

„Er ist es tatsächlich!"

Gott, der da ist, wo ich bin. Gott, der sieht, was ich
brauche. Gott, der dem Leben und dem Alltag so nah
ist, dass ich es kaum verstehen kann. Gott, der nach dem
großen Fiasko wiederkommt, nach der Katastrophe,
dem Tag, als meine Hoffnung starb. Das ist kein Gott,

der zur Unterdrückung benutzt werden kann. Oder zur
Rache. Oder Macht. Oder Selbstbespiegelung.
   Dieses Frühstück kann Konsequenzen haben.

Gebet

Verzeih mir Jesus
wenn ich dich anschaue
mit den Augen der Welt
und etwas sehe wofür ich mich schäme

danke dass du mich akzeptierst
auch wenn ich so reagiere

du kennst mich
viel besser als ich mich kenne
siehst das Rätsel meines Herzens
in dem Verleugnung und Bekenntnis schlummern
Seite an Seite
ich will dir folgen
und gleichzeitig mir selbst gehören

danke für die Nähe in deinem Blick
Mitgefühl das mir folgt auch wenn ich verleugne
hilf mir dass ich niederknie
und meine lähmende Selbstgenügsamkeit
abzustreifen wünsche

Danke dass du übersiehst wenn ich Nein sage
lass mich verstehen dass du mehr weißt
dass du mehr über mein Leben sagen kannst
und darüber, wer ich sein soll

Jesus
ich gewöhne mich niemals an deine Liebe
aber ich sehne mich nach ihr

Du bist mein
Ich will dein sein
mich dir überlassen
und alles was ich kann und nicht kann
Scheitern und Erfolg
mit dem einzigen Willen
deine verirrten Kinder zu sammeln
sie zu lieben mit der Liebe
die du mir gezeigt hast

Hans Johansson

Petrus II
Zu sich finden

Petrus wurde betrübt,
als Jesus zum dritten Mal fragte:
„Hast du mich lieb?", und er antwortete:
„Herr, du weißt alles.
Du weißt, dass ich dich lieb habe."

Die Petrus-Erzählung schlängelt sich durch die Evangelien und bleibt dort nicht stehen – Petrus kommt später noch in der Apostelgeschichte vor und als Absender von zwei Briefen an die neu gegründeten Gemeinden rund um das Mittelmeer. Doch in diesem Augenblick sind wir noch einmal bei Petrus am Strand, als Jesus dafür sorgt, dass er und seine Freunde etwas zu essen haben.

Die Vögel singen im Gebüsch am See Gennesaret meistens schon morgens um vier Uhr, und sicherlich ist das auch heute so. Petrus ist vielleicht schon mit dem Essen fertig und geht hinunter zum Wasser, um sich die Hände zu waschen. Er sitzt in der Hocke, und neben ihm hat sich der Meister hingehockt, ihre Augen treffen sich. Zum ersten Mal seit der Nacht, als Jesus von denen verraten wurde, die ihm am nächsten waren, nicht zuletzt von Petrus, sprechen sie miteinander, von Angesicht zu Angesicht. Was wird der Mann aus Nazaret wohl sagen? Vielleicht will Jesus Petrus nur deshalb sehen, um klar zu machen, was alle anderen schon wissen: Petrus, du bist ein Blender! Dein Engagement wurde auf einer Waage gewogen – und in der Stunde der Gefahr wog es weniger als eine Briefmarke. Du hast mich verlassen. Ich bin äußerst enttäuscht von dir.

Muss Petrus sich einem berechtigten Vorwurf stellen? Der Forderung nach Reue oder einem Gebet um Vergebung? Oder erhält er nur den kurzen Bescheid, dass seine Dienste nach dieser offenbaren moralischen Niederlage nicht mehr erwünscht sind? Oder wird Jesus sich großzügig zeigen und sagen, dass er trotz allem eine Menge von Petrus hält?

Jesus sagt nichts von alledem. Stattdessen sieht er Petrus an und fragt:

„Petrus, liebst du mich?"

Liebst du mich?
Ich versuche mich in die Situation hineinzuversetzen und weiß doch, dass sie für mich eine Nummer zu groß wäre. Und mir ist schmerzhaft bewusst, dass es zu spät ist. Mit meinen Versuchen, zu leben wie der Meister, habe ich bereits mehr als einmal Schiffbruch erlitten. Ich bin nicht der Typ, der offen Gesetze und moralische Regeln übertritt, aber das ist trotzdem keine Garantie dafür, dass ich der Mensch bin, der ich gern sein würde. Mein Lebensweg ist gesäumt von Versäumnissen und Feigheit, und selbst wenn ich das erkenne, kann ich es nicht bleiben lassen, darüber nachzudenken, welchen Eindruck ich mit meinen „Geständnissen" auf andere mache („Wie aufrichtig sie doch ist!") – aber genau genommen habe ich damit ja gar nichts richtig offenbart!

Ich würde so gern lieben, genauso wie Petrus. Ich gehöre nicht zu denen, die sich lange bitten lassen, ich war schon früh im Leben eine Freiwillige für das Gute: Hier bin ich, ich helfe gern mit! Und heute, schon ein gutes Stück in den mittleren Jahren, weiß ich genau, wozu ein solcher Eifer benutzt werden kann, wie er zu einer Lieblingsrolle werden kann, um einen tiefen Lebensschmerz zu verstecken – und wo die Grenzen dieser Versuche liegen. Vor ein paar Tagen schrieb ich in mein Tagebuch:

Ich sitze im Garten zwischen all dem Grün, mitten in der warmen, feuchten Verschwendung nach dem Regen der letzten Wochen, lese das Buch „Sonjas Güte" von Owe Wikström und entdecke dort plötzlich ein Dostojewski-Zitat, das mich geradewegs zum Kern meiner eigenen Trauer führt. Jetzt nach diesem Sommer bin ich so müde. Und die tiefste Müdigkeit hat damit zu tun, dass ich von meiner Lieblingsrolle im Leben Abschied nehmen und akzeptieren muss, die Bedürftige zu sein. Ich habe meine Rolle so lange und so gut gespielt – es hat fast 60 Jahre gedauert, bis ich an den Punkt kam, dass ich wirklich selbst nicht mehr die Gebende sein will, sondern mich denen zu nähern wage, vor denen ich mein ganzes Leben geflohen bin: den Bedürftigen, den Empfangenden. Ich konnte Gottes Liebe früher nur annehmen, wenn ich meinem eigenen Bild einer würdigen Empfängerin entsprach. Mit Hingabe als Widerhall und Nächstenliebe als Gegenleistung kam ich gut klar, dazu kam neu die „Gnade" als Treibstoff. So versuchte ich, den Schmerz loszuwerden, den Schmerz, ganz und gar bedürftig zu sein. Heute taumle ich umher in meinem Chaos von nicht beantworteten Briefen, unaufgeräumten Zimmern, nicht eingehaltenen Versprechen, Anforderungen und Wünschen der Familie, und ich sehe, dass meine Anstrengungen mit ihrem naiven, heroischen Charme vor allem darin bestanden, um jeden Preis zu vermeiden, ein ganz und gar bedürftiger Mensch zu sein. Tief war die Trauer darüber, dass das Grundlegende mir nicht ausreichte.

Endlich damit aufzuhören, die Bedürfnisse anderer zu befriedigen und Geberin zu sein, zu meinen eigenen Bedürfnissen zu stehen, auch wenn keine Hilfe kommt, das hieße zum ersten Mal Kontakt zur Trauer aufzunehmen.

Und hier ist also das Zitat, das mich so sehr traf. Es ist Sossima in Dostojewskis „Die Brüder Karamasow", der hier spricht:

„Die werktätige Liebe hingegen — das ist Arbeit und Durchführen und für einige somit am Ende gar eine ganze Wissenschaft. Ich sage Ihnen aber voraus, dass sogar in ganz demselben Augenblick, wenn Sie mit Entsetzen erkennen werden, daß Sie ungeachtet aller Ihrer Anstrengungen sich nicht nur nicht dem Ziel näherten, sich vielmehr von ihm entfernten — zu dieser selben Minute, ich sage Ihnen das voraus, werden Sie ganz plötzlich auch dies Ziel erreichen und klar über sich erschauen die wunderwirkende Kraft des Herrn, der Sie die ganze Zeit über liebte und Sie heimlich geleitete die ganze Zeit hindurch."

Liebst du mich?
Zum zweiten Mal stellt Jesus die Frage. Petrus hatte schon beim ersten Mal geantwortet:
„Ja, ich liebe dich."
Er hätte sagen können:
Ich habe geglaubt, dass ich dich lieben würde, aber jetzt weiß ich es besser. Es hat nicht gehalten. Ich habe mich selbst betrogen.
Doch stattdessen drückt er das aus, was er noch tiefer in seinem Inneren findet.
„Ich liebe dich."
Das Merkwürdigste ist, dass er auch, als die Frage wiederholt wird, dieselbe Antwort gibt: Ja, ich liebe dich.
Petrus zeigt hier wirklich Mut, genau den Mut, der ihn in der Stunde der Gefahr verlassen hat. Es ist der

Mut, das zu erkennen, was tief in seinem Inneren ist, der Mut zur Selbsterkenntnis. Die Erzählung macht hier deutlich, wie er eine zweite Chance bekommt; als er Jesus verleugnete, tat er das nämlich dreimal in derselben Nacht. Merkwürdig genug, sind die Nachfragen des Meisters gar nicht vernichtend. Er wartet nicht auf ein Sündenbekenntnis, sondern auf eine Liebeserklärung.

Plötzlich fällt ein eigentümliches Licht auf viele andere männliche Beziehungen, zumindest auf solche zwischen Auftraggeber und Auftragnehmer. Wenn ein Mann sich öffentlich blamiert hat, wenn er nicht Maß halten konnte, dann wird natürlich erwartet, dass er Abbitte tut, die Folgerungen zieht, bereit zum Rücktritt ist. Zwischen Jesus und Petrus scheint es sich um eine völlig andere Art von Auftrag zu handeln: Das Wichtigste scheint nicht zu sein, dass einer Erfolg hat, sondern dass die Beziehung reift.

Und Petrus nimmt seinen Mut noch einmal zusammen und steht zu der Wahrheit in seinem Inneren, trotz allem, was geschehen ist.

„Ja, ich liebe dich."

Noch ein drittes Mal wird ihm die Frage gestellt, und da kann er seinen Schmerz nicht länger zurückhalten.

Liebst du mich?

Herr, du weißt alles. Du weißt, was geschehen ist. Aber die Wahrheit ist trotzdem, dass ich dich liebe.

In diesem Augenblick bekommt er einen neuen Auftrag. Die drei Fragen sind beantwortet worden. Jesus sagt zu ihm:

Nähre meine Schafe. Kümmere dich um die, die mir folgen wollen.

Die Selbsterkenntnis, die Petrus gewonnen hat, machte es möglich, dass er andere unterstützen und führen konnte, ohne dabei von unbewussten Motiven beherrscht zu werden. Er ist reif geworden. Jesus hatte von sich selbst als einem guten Hirten gesprochen, der sich der Menschen annimmt und ihnen zu leben hilft. Jetzt ist auch Petrus in der Lage, ein Mitarbeiter des guten Hirten zu werden.

Petrus ist der Mann, der sich schließlich traut, die Wahrheit über sich selbst zu bejahen. Die tiefste Wahrheit über ihn ist nicht, dass er ein Versager ist, der falsch gehandelt hat. Die Wahrheit ist, dass er trotz allem und durch alles wirklich liebt, und jetzt beginnt er, das auch zu glauben. Seine auf Leistung ausgerichtete Begeisterung ist zusammengebrochen. Seine „Tüchtigkeit" hat ihm in der äußersten Not kein bisschen geholfen. Aber gerade darum findet er zurück zum Dialog mit dem guten Hirten – für den die Schafe nichts sind, wovon er leben kann, sondern wofür er leben kann. Durch die Begegnung mit der Liebe, und durch nichts anderes, erhält Petrus seinen Auftrag.

Der Weg zurück zu der Begegnung zwischen Petrus und Jesus an diesem Morgen am Strand ist keine ungefährliche Reise. Um das zu verstehen, reicht ein Blick auf die Geschichte unserer Zivilisation. In den patriarchalisch gesteuerten kirchlichen und politischen Hierarchien (früher als Symbiose, heute mehr oder weniger getrennt) begegnen uns viele Beziehungen zwischen Männern. Auffallend selten jedoch stößt man auf die Frage, die Jesus stellt, und die Selbsterkenntnis, die Petrus gelingt. Liebst du mich? Solche Fragen pflegen

Frauen zu stellen, keine „richtigen Männer". Wer bist
du, unabhängig von deinen Leistungen und deinen
Niederlagen? Du bist ein Mensch, der Gott liebt. Das ist
die Wahrheit über dein Leben.

Bekenntnis

Ich bin es, der an der Spitze steht.
Zielstrebig, gesammelt.
Die Verantwortung lastet auf mir.
Arbeite so hart, wie ich kann.
Bin gerade und zäh, kann aber auch zuhören und
verstehen.
Bin nicht hart zu anderen, bitte niemanden um etwas, wozu
ich selbst nicht bereit bin.
Bringe alle dazu, sich wohlzufühlen. Bin effektiv und mir
geht alles schnell von der Hand. Sicher, manchmal habe
ich Pech oder übernehme mich, und es kommt anders als
gedacht. Aber meistens geht es gut.
So einer bin ich. Oder jedenfalls dachte ich, so einer zu
sein.
Letzte Woche kündigte meine Sekretärin.
Sie hatte genug. Sagte, ich sei gefühllos und rücksichtslos.
Sie war gut. Wollte sie nicht loswerden. Konnte nicht fassen,
was passierte. Dachte, sie würde wissen, dass ich sie
schätze.
Hatte doch dafür gesorgt, dass sie eine Gehaltserhöhung
bekommt, nahm sie ab und zu mit zum Essen.
Sicher klagte ich manchmal über sie und verlor einige Male
den Humor, aber das gehört halt zu dem Job.

Häufig werde ich kritisiert für meine Art, eher unberechtigt.

Sie sagte, ich sei sexistisch und würde sie nicht als Mensch respektieren, als gleichwertig.

Ich kapierte gar nichts. Dachte, das müsse etwas mit den Hormonen zu tun haben.

Als ich nach Hause kam, zeigte meine Frau kein Verständnis, sagte, meine Sekretärin habe recht, und begann mit einer langen Erklärung –

wie wortlos ich zu Hause sei,

wie ich sie und die Kinder vernachlässige,

wie ich mit allen umgehe,

die Augen vor meiner Verantwortung verschließe

und vieles vernachlässige, was meine Aufgabe ist. –

Sie machte noch weiter, ich weiß nicht, wie lange.

Und nachdem sie all das gesagt hatte, kam es mir vor, als würde ich zusammenfallen: der Mann, der ich war, die Art von Vater, die ich war, der Chef, der ich war.

Die Wut in ihren Worten zerstörte das Bild, das ich von mir hatte. Plötzlich sah ich den aufgestauten Schmerz in der Frau, die ich liebte, und wusste nicht, ob ich daran Schuld hatte.

Ich verstand nicht wie. Wie es anders werden könnte.

Ich begann zu weinen. Sie begann zu weinen.

Sie zog mich zu sich. Sie hielt mich. Ich hielt sie.

Wir lieben uns wirklich, aber was wir hatten, war zerstört, es ist kaputt, zerbrochen.

Alles sieht so verfahren aus.

Jesus, ich sehe dich mit Petrus sprechen, am Strand von dem See, wo er seinen Lebensunterhalt verdiente.

Ich sehe, dass du zu ihm kommst, als er meint, du seiest aus seinem Leben verschwunden

und du fragst ihn dasselbe immer und immer wieder,
als wäre es das Einzige von Bedeutung.
Liebst du mich?
Führe meine Schafe auf die Weide.
Du gabst ihn sich selbst zurück, mit einem neuen Leben.
Ich warte, komm auch zu mir.

Hans Johansson

Josef von Arimathäa

Tun, was man kann

Da es schon Abend geworden war – es war
Vorbereitungstag, also der Tag vor Sabbat – kam
Josef von Arimathäa, ein angesehener Ratsherr,
der auch auf das Reich Gottes wartete.
Er nahm seinen Mut zusammen und ging zu
Pilatus und bat um den Leichnam Jesu. Pilatus
wunderte sich, dass Jesus schon tot sein sollte.
Er rief den Hauptmann zu sich und fragte ihn,
ob Jesus wirklich schon tot war.
Als er es vom Hauptmann erfuhr, überließ er
Josef den Leichnam.

Markus 15,42–45

Über Josef von Arimathäa ist nicht viel überliefert worden. Fast nichts. Er ist fast anonym, fast nur ein Statist in dem großen Passionsdrama um Jesus, den Propheten vom Lande. Keine Vorgeschichte stellt ihn so vor, dass wir sagen könnten, wer er ist. Er taucht nur in einem entscheidenden Moment auf und tut, was er kann. Nichts Besonderes. Er sorgt für ein Grab für Jesus, das ist alles.

Ein schönes Grab, sicherlich. Aus der knappen Erzählung erfahren wir, dass Josef von Arimathäa eine ziemlich gut situierte Person ist. Er hat sich eine Grabstätte gekauft, wie es nur vermögende Menschen tun können – ein Felsgrab nahe Jerusalem, so eins, wie man es gern hätte, wenn man sich eine gute Position für die Ankunft des Messias am Jüngsten Tag und für die Auferstehung der Toten wünscht. Nun, nicht alle Juden zu der Zeit – um den Beginn unserer Zeitrechnung – glaubten an die Auferstehung. Die Sadduzäer zum Beispiel bildeten eine religiöse Strömung, die skeptisch gegenüber allen Verheißungen in dieser Richtung war. Die Pharisäer dagegen, eine andere Gruppierung, zu der auch viele Priester gehörten, glaubten: Wenn der Messias kommt, treten die Toten aus ihren Gräbern und begegnen dem neuen Zeitalter der Freude und Freiheit.

Wir wissen nicht, was Josef von Arimathäa glaubte. Er ist kein gesprächiger Mann in dieser Erzählung.

In meinen Augen ist er ganz einfach der Mann, der tat, was er konnte. Er wird nicht für seinen großen Glauben erwähnt – vielleicht glaubte er gar nichts von dem, was über den Mann aus Nazaret gesagt wurde. Er war kein

Jünger, er verließ niemals Haus und Hof und Besitz, um an dem messianischen Abenteuer teilzunehmen. Ein Mann, der tat, was er konnte, und seine Gedanken für sich behielt.

Josef von Arimathäa trat nicht vor zur Verteidigung des Nazareners, an diesem aufregenden Tag, als der religiöse Aufwiegler gefangen genommen, gefoltert und zum Tode verurteilt wurde. Vielleicht hätte er auch nichts vorbringen können, vielleicht war er nicht der Typ dafür.

Aber als die Hinrichtung vorbei ist und Jesus vom Kreuz genommen wird, tritt Josef von Arimathäa plötzlich auf. Er geht zur Behörde und bittet um die Erlaubnis, den Leichnam zu holen und auf eigene Kosten zu begraben. Er handelt diskret, aber setzt zweifellos einen Teil seines sozialen Ansehens und seiner Glaubwürdigkeit aufs Spiel. In einem besetzten Land kann man nicht vorsichtig genug sein. Die Militärmacht kann misstrauisch werden. Innerhalb des eigenen Volkes gibt es auch Fragezeichen. „Das Grab eines reichen Mannes – für diesen Verbrecher? Welches Motiv kann er haben, diesem Mann sein eigenes Grab zu überlassen?"

Wir erfahren nicht, was für ein Motiv Josef von Arimathäa hat oder wie er argumentiert, um die Erlaubnis zu erhalten. In der Erzählung wird nur mitgeteilt, dass sein Antrag bewilligt wird und dass die Besatzer beschließen, einige Soldaten dorthin zu beordern, mit anderen Worten: ein paar Wachen ans Grab zu stellen. Man weiß ja nie. Sektenleiter können Gegenstand einer Mythenbildung werden. Märtyrer können Brände des

Aufruhrs entfachen. Das Beste ist, das Grab mit einem Stein und einem römischen Siegel zu plombieren.

Da verschwindet Josef von Arimathäa aus der Erzählung, ebenso plötzlich, wie er eingetreten war. In das Stillschweigen über ihn hat man hineinfantasiert, was dann weiter geschah: Josef habe den Becher an sich genommen, den Jesus beim Ostermahl am letzten Abend mit seinen Jüngern benutzte, den Abendmahlskelch, der in der mittelalterlichen Legendentradition den Namen Heiliger Gral bekam. Es wird weiter behauptet, dass dieser versteckt und an einen sicheren Ort gebracht wurde und dass er wundertätige Eigenschaften hatte. Von den Sagen über König Artus und die Ritter der Tafelrunde bis zum Bestseller über den Da-Vinci-Code in unserer Zeit verbreitet sich ein Flüstern über Josef von Arimathäa, der den bedeutendsten Becher von allen an sich nahm, den Becher, der Gottes versöhnende Liebe in der Gestalt des Blutes Jesu enthielt, den Trunk, der allen Durst löscht, alle Krankheit heilt und auch die schlimmsten Sünden vergibt.

Ich für mein Teil meine, es reicht völlig aus, dass Josef von Arimathäa tat, was er konnte. Ich glaube, dass sich viel zu viele Männer mit dem Gefühl plagen, nicht „religiös genug" zu sein. Sie spüren in der Kirche nicht das „Was-auch-immer", das man eigentlich verspüren sollte. Sie halten Gottesdienste für fremdartig und unbegreiflich, all den Hokuspokus, der da vorn im Chorraum vor sich geht; sie können oder wollen die Lieder nicht mitsingen (und werden dafür womöglich von vorwurfsvollen Frauenblicken getroffen); sie werden meistens nervös und können nichts dagegen tun, ständig an ihre Arbeit nächste Woche zu denken oder daran, welch kostbare Zeit gerade verstreicht, die sie besser nutzen könnten, um die Kacheln im Badezimmer auszutauschen …

Zu den Paradoxa kirchlichen Lebens gehört, dass trotz der patriarchalischen Tradition gerade Männer kaum persönlich profitieren von der Art von Spiritualität, die sich in der Kirche entwickelt hat. Es bieten sich ihnen dort keine physischen Herausforderungen, keine Möglichkeiten, ihre Fähigkeiten anzuwenden, nein, es geht anscheinend meistens darum stillzusitzen, einer hallenden Stimme irgendwo weit entfernt im Raum zuzuhören und zu versuchen, das „Was-auch-immer" zu spüren, so wie es die Frauen können. Lust und sexuelles Verlangen darf man dagegen hier nicht verspüren, und so vergeht ein großer Teil der Gottesdienstzeit damit, sich dafür zu schämen, dass man(n) so ist, wie man ist …

Deshalb bin ich für mein Teil mehr als zufrieden, dass mit Josef von Arimathäa ein Mann als Repräsentant all der Männer erscheint, die ich gerade beschrieben habe. Als er ein Grab für Jesus besorgt, weiß er nicht, dass er damit auch einen Raum für dessen Auferstehung bereitstellt, den wichtigsten Ort auf der Erde für Millionen von Gläubigen in all den Jahrtausenden nach ihm. Josef von Arimathäas Handlung scheint völlig frei von irgendwelchen Absichten zu sein. Er hat nicht vor, eine große, unvergessliche Tat zu vollbringen oder ins Rampenlicht zu treten, weder mit Worten noch mit Taten. Das Einzige, was er getan hat, war, eine Gelegenheit zu ergreifen, die sich ihm geboten hat. Er tat, was er konnte.

Das reicht aus.

Paulus
Der schwache Mann

Ich freue mich über meine Schwäche,
über Beleidigungen, Schwierigkeiten,
Verfolgungen und Not,
weil es um Christi willen geschieht.
Denn wenn ich schwach bin,
bin ich stark.

2. Korinther 12,10

Nicht nur der linksradikale schwedische Schriftsteller Karl Vennberg (1910–1995) war verwirrt und
fasziniert von Paulus. Paulus ist ein komplizierter Mann
voller Widersprüche, und er war es schon, lange bevor
die modernen Zeiten kamen, in denen das als Ideal für
einen Menschen unserer Zeit gilt. Er gehört nicht in
unsere Zeit. Er lebte im ersten Jahrhundert und lernte
Menschen kennen, die Jesus persönlich erlebt hatten.
Aber wenn man an seiner Leidenschaft teilnimmt, an
seinem Intellekt, seinen sprühenden Wortspielen, dann
erscheint er wie ein Zeitgenosse.

Paulus ist Jude, ein Schriftgelehrter. (Übrigens hieß
er Saulus, Paulus wurde er später genannt, aber der Einfachheit halber soll hier die ganze Zeit von Paulus die
Rede sein.) Solche Männer wurden *Rabbi* genannt und
galten als Experten und Lehrer für jüdische Bibelausle-
gung. Ihre Ausbildung dauerte lange und war äußerst
kompliziert, sie waren wirklich hochgebildet.

Anders als bei den Griechen und Römern wurde
innerhalb des jüdischen Volkes die körperliche Arbeit
nicht verachtet. Daher erwartete man von einem Schrift-
gelehrten praktische Fähigkeiten in einem Handwerk,
um sich mit seiner Hände Arbeit selbst versorgen zu
können. Paulus war Zeltmacher. Studium der Schrift
und Lehre betrieb er, wenn es die Zeit und die Ge-
schäfte zuließen.

Als Paulus zum ersten Mal in der Bibel auftaucht,
existiert bereits eine allererste Schar von Jesus-Anhängern, die eine Gemeinschaft um den Glauben an den
Auferstandenen gebildet hatten. Es sind Juden, selbstverständlich, die sich auch ohne jede Einschränkung

für Juden halten (vielleicht gibt es einige Griechen und andere Ausländer unter ihnen, aber die sind in dem Fall zum jüdischen Glauben übergetreten und werden Proselyten genannt).

Nach gewissen dramatischen Begebenheiten am Pfingsttag (Näheres erfahren Sie im zweiten Kapitel der Apostelgeschichte) hat sich ein spontanes Netzwerk in Jerusalem gebildet. Sie wohnen nicht alle unter einem Dach, aber teilen doch das meiste miteinander – Unterkunft, Essen, Geld, Freude, Kleidung, Vieh und Alltagsprobleme. Die Freude ist weithin sichtbar, und sie sind allgemein akzeptiert bei den Bewohnern der Stadt. Aber als sie mehr und mehr werden und öffentlich davon reden, dass Jesus Gottes Sohn ist (genau diese Äußerung wurde ihm als Hochverrat gegenüber der weltlichen und religiösen Macht ausgelegt!), stellten sie ein wachsendes Problem dar. Wie soll man mit der neuen messianischen Bewegung umgehen? Einer der Gesetzesgelehrten, Gamaliel, gibt einen klugen Rat (vgl. Apostelgeschichte 5,38–39):

„Wenn das hier eine Bewegung ist, die nicht dem Willen Gottes entspricht, dann wird sie bald von allein gestorben sein. *Aber wenn sie von Gott kommt, warum sollten wir sie dann bekämpfen?*"

Es lohnt sich, den letzten Satz näher zu betrachten. Nicht nur, weil dadurch den Jesus-Gläubigen noch eine Frist gegeben wird, sondern auch deshalb, weil ein junger Mann, Schüler von Gamaliel, diesen Satz wahrscheinlich auch gehört hat. Der junge Mann ist Paulus. Einer der schärfsten Denker der neuen Generation junger Rabbinen.

Er ist äußerst begabt, stark und selbstsicher, einer der Besten, und er weiß es. Unwahrscheinlich, dass er mit dem Rat seines Lehrers zufrieden ist. Paulus ist dafür bekannt, radikal in seiner Hingabe an den Glauben der Väter zu sein, und es ist schwer vorstellbar, dass er Nachsicht üben würde mit der geringsten Andeutung eines Jesuskultes, der den alten Glauben erschüttern könnte, den Glauben, der sich im Grundgebot Israels ausdrückt: „Höre, Israel! Der Herr ist unser Gott, der Herr ist einer!" (Deuteronomium / 5 Mose 6,4).

Möglicherweise hat Gamaliels Rat seinen Schüler sogar in einen inneren Konflikt gestürzt – denn Paulus hat großen Respekt vor seinem Lehrer und bewundert ihn. Aber er glaubt, dass man keinerlei Rücksicht gegenüber der neuen Bewegung üben sollte. Die Kritik an dem neuen „Weg" (wie man den Glauben an Jesus nennt) wächst in Jerusalem. Und bald steht man vor der ersten Konfrontation. Stephanus, ein junger Anhänger des neuen Glaubens, wird wegen Lästerung angeklagt und fortgeschleppt, um gesteinigt zu werden. Die Zeugen legen ihre Mäntel zu Füßen eines jungen Mannes ab. Der wird Zeuge des Martyriums von Stephanus. Der junge Mann ist Paulus, und er muss sehr aufgebracht über die Rede von Stephanus gewesen sein (sie ist in der Apostelgeschichte 7,2–53 aufgezeichnet). Es wird auf jeden Fall behauptet, dass er danach selbst die Initiative zur Verfolgung ergreift. In Städten und Dörfern spürt er jesusgläubige Menschen auf, um sie bei den religiösen Gerichten anzuzeigen. Er ist selber Schriftgelehrter und hat das Recht mitzuwirken, wenn die Urteile gefällt und die Strafen ausgeführt werden – von Peitschenhieben bis zu Hinrichtungen.

Paulus reitet auf einem staubigen Landweg in Syrien; sein (soll man sagen: inquisitorischer) Eifer hat ihn bis nach Damaskus geführt. Seine zahlreichen und rastlosen Einsätze werden immer mehr, er kämpft gegen eine Hydra mit tausend Köpfen; geht dieser Jesus-Wahnsinn denn nie zu Ende? In dem Augenblick wird Paulus von einem Blitz getroffen. Zumindest erscheint es so. Ein starker Lichtstrahl trifft ihn mit der Kraft einer Druckwelle – sogar seine Begleiter sehen den Schein –, und er fällt kopfüber auf den Boden. Als er sich wieder mühsam aufrichtet, mit Hilfe der erschrockenen Mitreisenden, fällt es ihm schwer, auf den Beinen zu stehen. Und er entdeckt zu seinem Schrecken, dass er nichts mehr sehen kann. Geblendet – oder dauerhaft blind! Was ist passiert?

Er selbst berichtet später, dass er eine Stimme hörte, als er auf den Boden aufschlug, eine Stimme, die sagte:

„Saul, Saul, warum verfolgst du mich?"

Als er fragt: Wer bist du? bekommt er die Antwort: *Ich bin Jesus, den du verfolgst.*

Das zerreißt die Welt von Paulus in ein Vorher und ein Nachher. Er ist auf der Stelle davon überzeugt, dass Jesus wirklich von den Toten auferstanden ist. Er ahnt, es liegt ein Geheimnis darin, dass Jesus sich mit seinen Anhängern gleichsetzt, dass Jesus selbst verfolgt wird, wenn Menschen, die an ihn glauben, aufgespürt und getötet werden. Die Mitreisenden führen ihn in die Stadt, wie einen Blinden oder wie ein Kind. Er wird an einem ruhigen Ort einquartiert, um wieder zu sich zu kommen. Von dem Tag an nennt er sich Paulus. Das heißt „der Kleine".

Zur selben Zeit, so heißt es in der Erzählung, bekommt ein Mann mit dem Namen Hananias einen Auftrag, als er bei sich zu Hause betet. Er erfährt, was draußen auf dem Landweg passiert ist. Und er wird zu der Wohnung geschickt, in der Paulus sitzt: „Geh dorthin, lege deine Hände auf ihn und bete für ihn. Nimm etwas zu essen für ihn mit. Er ist vorübergehend blind, aber wird das Augenlicht wiederbekommen."

Es erstaunt nicht, dass Hananias versucht, etliche Einwände dagegen vorzubringen. Er tut wirklich sein Bestes, um Gott darüber zu informieren, wie riskant und falsch das ist: „Das ist doch der Mann, der sein ganzes Leben der Verfolgung von solchen wie uns gewidmet hat! Das muss ein Irrtum sein!"

Als er sich schließlich auf den Weg macht, bin ich nicht sicher, ob er von seinem Auftrag begeistert ist. Darum berührt mich ein Detail dieser Erzählung. Das ist, als Hananias über die Schwelle des Raumes tritt, in dem Paulus sitzt. Nicht genug damit, dass er tatsächlich die Hände auf seinen Todfeind legt, um ihn von seiner Blindheit zu heilen. Er sagt auch noch: „Paulus, mein Bruder, Gott hat mich hierher geschickt." Ich weiß nicht, ob ich es fertiggebracht hätte, den ersten Satz ähnlich großzügig zu formulieren.

Paulus erhebt sich, kann wieder sehen, kann wieder essen und wird, wie es in der Apostelgeschichte heißt, „mit dem Heiligen Geist erfüllt". Man kann das so ausdrücken: Dasselbe Leben, das in Jesus war, ist jetzt auch in Paulus. Die Freude, die er in den Gesichtern der Jesus-Anhänger nur widerwillig gesehen hat, fließt jetzt in ihn, in ihn hinein, immer weiter hinunter in die Tiefe des Unterbewusstseins (auch wenn man das Wort „Unterbewusstsein" zu der Zeit noch nicht erfunden hatte). Jetzt versteht er. Das sind keine Jesus-Fetischisten, die ein neues Idol anbeten, einen Götzen in menschlicher Gestalt. Sie haben ein göttliches Leben erhalten, das von *innen kommt,* wie aus einer Quelle lebendigen Wassers. Darum haben sie eine solche paradoxe Freude selbst bei Rückschlägen und Morddrohungen.

Diese Freude entsteht nicht durch irgendwelche äußeren Umstände. Sie wohnt in ihnen, in ihren Herzen. „Jetzt lebe ich, aber nicht mehr ich, Christus lebt in mir", heißt es in Paulus' eigenen Worten (Galater 2,20).

Die Paulus-Erzählung ist für mich eine Erzählung von einem Mann, der eine völlige Umkehrung seiner Werte erfährt. Er selbst spricht oft davon. Alles, was ich vorher als Gewinn betrachtet habe, ist für mich zum reinen Verlust geworden: Wissen, Macht, Ansehen, Rechte, Privilegien (Paulus ist römischer Staatsbürger, auch das ist ein Zeichen dafür, dass er zur damaligen Elite gehört) – all das ist nur Schund, so sagt er, im Vergleich zu der Freude, die jetzt in mir wohnt (Philipper 3,7–8). Ich bin nicht der Größte, und ich muss es auch nicht sein (na ja, ein paar Mal erlebt er einen Rückfall in seine alte Krankheit, aber die neue Richtung führt tatsächlich nach unten und nicht nach oben um jeden Preis). Früher war ich fähig und kompetent, ich verließ mich auf meine Stärke, prahlte mit meiner hervorgehobenen Stellung. Jetzt prahle ich auch – aber ich prahle mit meiner Schwäche. Ich weiß, dass Schwäche nicht gefährlich ist. Schwach zu sein heißt offen zu sein.

Früher hatte ich nur mich selbst. Dann wurde mein Leben in Jesus weit. In ihm habe ich alles, ich habe Zugang zum ganzen Kosmos. Ich habe die Freiheit, so zu sein, wie ich sein will. Die Angst, die nach mir greifen will (Paulus ist ein Mensch, der zwischen Jubel und Depression schwankt), kann mich nicht von Gottes Liebe in Christus trennen. Nichts kann mich trennen von der Liebe, die ich in mir habe. Ich bin ein Tontopf voller Risse und Sprünge (2 Korinther 4,7), aber auch durch diese kann das Licht leuchten. Das Licht von dem Schatz, den Gott in mich hineingelegt hat.

Das erinnert mich an eine Zeile von Leonard Cohen: *There is a crack in everything. That's where the light comes in* („In allen Dingen ist ein Riss, und da genau bricht das Licht herein"). Mit dem Tongefäß, von dem Paulus spricht, kann sowohl seine Person mit all ihren widersprüchlichen Seiten gemeint sein als auch die Umwelt, in der er wirkt. Als Leser seiner Briefe und Ermahnungen ist es manchmal wichtig, den Schatz und das Gefäß zu unterscheiden.

Vor einigen Jahren habe ich ein Gedicht gelesen, das mit den Worten beginnt: „Gerade jetzt braucht die Welt einen schwachen Mann." Das ist eine treffsichere Abwandlung des häufig gehörten Rufes nach einem „starken Mann", wie er besonders in Krisensituationen zu hören ist. Ich glaube, dass die Schwäche, mit der Paulus prahlen will, in unserer Zeit wirklich gebraucht wird. Jenen Menschen, die das für Unsinn halten, weil sie noch die Karriereleiter nach oben klettern, sagt Paulus: Die Griechen erwarten Weisheit (intellektuelle Macht), und die Juden wollen Zeichen sehen (religiöse Überzeugungsmacht), aber wir sprechen von einem gekreuzigten Gott – welche Torheit für Griechen und welcher Skandal für Juden! (1 Korinther 1,24) Und zugleich: Welche Freiheit, sich nicht an die eigene, begrenzte Macht klammern zu müssen! Gerade aus dieser Freiheit kann eine besondere Kraft erwachsen.

Im weiteren Verlauf des Gedichtes vom „schwachen Mann" wird die Frage gestellt, wo heute die Intellektuellen zu finden sind, die Starken, die Erfolgreichen – all jene, die Angst vor Schwäche haben und darum ihre eigene Macht so vehement verteidigen. Sind sie dort zu finden, wo die Freude wohnt? Kennen sie ihre eigenen Abgründe? Oder sind sie völlig damit beschäftigt, neue Massenvernichtungswaffen und siegreiche Handelsstrategien zu entwickeln, Fluchtwege zu suchen, um der notwendigen Bescheidenheit und Solidarität zu entgehen, Bündnisse zu schaffen zwischen religiösem Fanatismus und politischer Macht?

Es gibt Grund genug, diese Frage auch heute unter den Jesus-Anhängern zu stellen.

Unbeweglich sitzt er in dem Riss,
dort, wo die Welt auseinandergebrochen ist,
und versteht immer weniger von dem Spross
an dem sanften Rosenbusch, Jesus.
Die Erscheinung, durch die er auf den Boden fiel,
trug er immer bei sich wie ein Todesurteil:
ibis in crucem, du wirst ans Kreuz gehen.
(Obwohl kein römischer Bürger so behandelt wird,
höchstens in einem Alptraum.)
Die Musikanten, die vorbeigehen und ihn sehen,
fragen sich, ob sein Antlitz ein menschliches Antlitz ist
und sein Geschlecht ein menschliches Geschlecht.
Für die Musik wurde sein Gedanke zum Abgrund,
und die Freude der Tänzer
verwandelte sich in Angst,
als seine Lippen sich im Dunkeln bewegten.

Aber die Narren sahen seine Qual,
und für diese Qual gab es keine andere Linderung als Gott,
und es war nicht die einzige Qual unter dem Himmel.
Sein Herz war ein Raubtier
mit Gott als einziger Beute.
Um ihn konnten sich andere sammeln
und ihr Teil von Gott bekommen,
schwache Jäger, verwirrt durch ihre eigene Witterung.

Unbeweglicher als alles sitzt er in dem Riss,
dort, wo durch ihn die Welt auseinanderbrach.
Bald verraten nur die Vogelscheuchen
und die eifersüchtigen Erinnerungen des Todes,
wo er sich befindet.

Die paulinische Zeit nähert sich ihrem Ende.
Wer kümmert sich um die paulinische Qual?
Wer gibt den Narren Anteil an Gott?

Karl Vennberg

Was die Welt gerade jetzt braucht, ist ein schwacher Mann.

Bibelstellenverzeichnis

Zur Autorin
Ylva Eggehorn

Ylva Eggehorn wurde 1950 in Stockholm geboren. Sie entwickelte ein frühes Interesse an Literatur, bereits als junges Mädchen verschlang sie die Klassiker schwedischer und internationaler Autoren. Ebenso zeigte sich bereits in jungen Jahren ein besonderes Talent zum Schreiben. *Meereskind (Havsbarn)*, ihre erste Gedichtsammlung, wurde veröffentlicht, als sie dreizehn Jahre alt war. Namhafte Schriftsteller Schwedens sprachen aufgrund dieser Veröffentlichung vom literarischen „Wunderkind" Ylva.

Als Jugendliche entdeckte Ylva Eggehorn die Bibel und ließ sich taufen – zu einer Zeit, als viele junge Schweden organisierter Religion den Rücken kehrten. In Opposition zu einem Zeitgeist materiell ausgerichteter Fortschrittsutopien wurde Ylva Eggehorn in den siebziger Jahren zur Stimme einer spirituellen Menschlichkeit und tiefen Bejahung des Lebens in all seiner Begrenztheit. In ihren Gedichten steht Christus immer auf Seite derer, die gesellschaftliche Nützlichkeitserfordernisse nicht erfüllen können.

In den achtziger Jahren machte sich Ylva Eggehorn auf die Suche nach einer neuen religiösen Sprache, ihr Ton wurde persönlicher, sinnlicher. Neben ihren poetischen Texten begann sie, Kurzgeschichten zu schreiben, die in mehreren Sammlungen veröffentlicht wurden.

In den neunziger Jahren veröffentlichte sie zwei Romane. *Radio City (Kvarteret Radiomottagaren)* ist die autobiografisch gefärbte Geschichte eines kleinen Mädchens in den fünfziger Jahren des 20. Jahrhunderts. *Eine dieser Stunden (En av dessa timmar)* ist ein historischer Roman über einen sechsjährigen schwarzen Jungen, der 1772 von den Westindischen Inseln als „Geschenk" für die Königin nach Schweden verbracht wurde. Aus den Augen dieses Kindes nimmt der Roman das Schweden des klassischen Zeitalters Gustavs III. in den Blick.

In vielfältiger Weise hat Ylva Eggehorn ihre Texte in Dialog mit Musik gebracht. Sie ist Textautorin für Kompositionen des berühmten schwedischen Jazzmusikers Lars Gullin und hat mit „Abba"-Star Benny Andersson an Texten für Filmmusik gearbeitet. Der Text für das offizielle schwedische Lied zum Millenniumswechsel im Jahr 2000 *(Innan Gryningen – Vor der Dämmerung)* stammt ebenso aus ihrer Feder wie Liedtexte, die mittlerweile in das Gesangbuch der schwedischen Kirche aufgenommen sind.

Zahlreich sind die Auszeichnungen, die Ylva Eggehorn für ihr Werk erhalten hat, darunter alle wichtigen schwedischen Literaturpreise (Gustaf-Fröding-Preis, Karin-Boye-Preis, Karl-Vennberg-Preis, Johan-Olof-Wallin-Preis, Ebert-Taube-Preis für Poesie und Musik, Preis der Schwedischen Akademie). Vor allem für ihre

Zur Autorin

biblischen Frauenporträts (Auf Deutsch: *Ich hörte Saras Lachen. Frauen in der Bibel, Verlag Herder, Freiburg im Breisgau 2007*) wurde sie von der Schwedischen Bibelgesellschaft mit einem Sonderpreis ausgezeichnet.

Ylva Eggehorn ist verheiratet und hat mit ihrem Mann Georg zwei Kinder, Elisabeth und Michael.

Von derselben Autorin:

„Ich hörte Saras Lachen"

„Sara bekam Angst und sagte: Ich habe nicht gelacht. Aber der Herr sagte: Doch, du hast gelacht" (Genesis 18,15). In dem knisternden Augenblick nach der Mitteilung der Fremden, dass Sara ein Kind bekommen würde, ist ein Lachen aus dem Zelt zu hören. Dort steht Sara und hat zugehört hinter der dünnen Zeltwand, die sie von der Welt der Männer und Entscheidungsträger trennt. Für einen kurzen Augenblick entsteht ein Bruch in der strengen, archaischen Erzählung. Die Reaktion einer Frau wird sichtbar. Und ein erstaunlicher Dialog zwischen den himmlischen Würdeträgern und der sehr irdischen Sara wird Wort für Wort wiedergegeben:

„Du hast gelacht!"

„Das habe ich nicht!"

„Doch, das hast du. Aber das spielt keine Rolle. Es bleibt so, wie wir gesagt haben."

Ich höre auf den Dialog und auf Saras Lachen, und mit einem Mal spüre ich die gesammelte Aggression in diesem Lachen. Sicher ist die Vorstellung komisch, dass zwei alte Menschen plötzlich von Leidenschaft ergriffen werden und im Zelt Liebe machen, nach Jahren der erotischen Dürre. Was für ein Anblick, sei es für Götter oder für Menschen! Aber ich glaube, in Saras Lachen steckt mehr als eine unfreiwillige Heiterkeit. Ich höre Ärger und Anklage gegen Gott: „Jetzt ist es zu spät! Meine Trauer ist endlich in mir eingekapselt. Ich habe gelernt, mit meinem Schmerz zu leben wie eine Amputierte."

Es ist das Lachen einer Gequälten, die glaubt, dass die Hilfe zu spät kommt. So höre ich es. Sie muss einige Zeit gebraucht haben, bis sie sich wirklich über das Kind freute. Vielleicht konnte sie die Freude sogar erst zulassen, als sie dem neugeborenen Kind zum ersten Mal ins Angesicht blickte. Es bekam den Namen Isaak. Das bedeutet „der Lachende", „der, der lächelt". Wie meistens in dieser Art von Erzählungen sind auch hier die Einzelheiten kein Zufall.

Mit Isaak kommt die Freude zurück zu Sara, ein Lachen, das sie langsam lernen musste. Es heißt, das wichtigste in unserem Leben sei, Vertrauen zu haben und sich zu öffnen wie ein Kind. Aber als Erwachsener kann man das Kindsein nur zurückerobern, nachdem man seine Unschuld verloren hat. Sara befindet sich im Schwebezustand zwischen Macht und Ohnmacht und erinnert uns daran, dass die Hilfe (fast) zu spät kommen kann. Was mir das über Gott sagt? Vielleicht, dass er ein großes Risiko eingeht, wenn er unserem Leben eine Wende gibt. Wir schaffen es vielleicht nur mit knapper Not, sie zu akzeptieren.

Leseprobe aus:

YLVA EGGEHORN
Ich hörte Saras Lachen
Frauen in der Bibel. 15 Porträts
Verlag Herder GmbH,
Freiburg im Breisgau
160 Seiten · Geb. mit Schutzumschlag
ISBN 978-3-451-29625-3

HERDER

Biblische Spiritualität

RICHARD ROHR
Ins Herz geschrieben
Die Weisheit der Bibel als spiritueller Weg
334 Seiten | Gebunden mit Schutzumschlag und Leseband
ISBN 978-3-451-32005-7
Richard Rohr ist eine prophetische Stimme für spirituell suchende
Menschen auf der ganzen Welt. Das neue Buch des Bestsellerautors
handelt vom rechten Verständnis der Bibel und ist in gewisser Weise
eine Summe seines Lebens. Richard Rohrs Verbindung von Bibeltext
und gegenwärtiger Erfahrung ist nichts weniger als ein Schlüssel, um
die ganze biblische Botschaft zu verstehen und als spirituellen Weg
für die Gegenwart zu entdecken.

MARGOT KÄSSMANN
Mütter der Bibel
20 Porträts für unsere Zeit
160 Seiten | Gebunden mit Schutzumschlag
ISBN 978-3-451-29855-4
Angefangen von Eva, deren einer Sohn zum Mörder des anderen
wird, bis zu Maria, von der späten Mutter Sara über die zurückge-
setzte Lea bis zu Elisabeth entfalten die biblischen Geschichten Müt-
terbilder, die anregend sind für die heftigen Diskussionen unserer
Zeit. Die Rabenmutter, die Spätgebärende, die Kinderreiche und die
Adoptivmutter: Margot Käßmann erzählt von den Müttern der Bibel
und verbindet die alten Geschichten mit dem heutigen Leben.

ANDREA SCHWARZ
Propheten sind wir alle
Die Botschaft des Buches Jona
144 Seiten | Paperback
ISBN 978-3-451-29236-1
Die Erfolgsautorin Andrea Schwarz liest die Geschichte des Prophe-
ten, der vor Gottes Auftrag flieht und von einem Wal verschluckt
wird, wie eine moderne Kurzgeschichte: als Erzählung einer Wende
mit offenem Ende. So wird das Jona-Buch überraschend aktuell: als
Anfrage und Modell für unsere je eigene Lebensgeschichte.

HERDER

Lebensweisheit (nicht nur) für Männer

PETRA ALTMANN · ODILO LECHNER
Leben nach Maß
Die Regel des heiligen Benedikt für Menschen von heute
224 Seiten | Durchgehend farbig mit zahlreichen Abbildungen |
Gebunden mit Schutzumschlag und Leseband
ISBN 978-3-451-32186-3
Seit Jahrhunderten leben Mönche und Nonnen in ihren Klöstern
nach der Regel des heiligen Benedikt – ein Text, der in seiner inspi-
rierenden Kraft erstaunlich aktuell geblieben ist. Das Buch erschließt
die Weisheit der Mönchsregel für „ganz normale" Menschen der
Gegenwart. Die Regel Benedikts bietet Impulse für den Umgang mit
sich selbst und den eigenen Fähigkeiten, für das Zusammenleben mit
anderen, für die Balance von Arbeits- und Ruhezeiten, für Leitungs-
und Managementaufgaben

ECKART HAMMER
Männer altern anders
Eine Gebrauchsanweisung
224 Seiten | Paperback
ISBN 978-3-451-29717-5
Generation 50plus – noch nie hatte man (n) so viele Möglichkeiten
wie heute, den neuen Lebensabschnitt zu gestalten. Welche Freiräu-
me und Chancen bieten sich und was lässt man besser sein? Dieses
Buch bietet Informationen und Orientierung speziell für Männer ab
50 und alle, die mit ihnen leben.

MARTIN HOCHHOLZER · TILMAN KUGLER (HG.)
Werkbuch Männerspiritualität
Impulse – Bausteine – Gottesdienste im Kirchenjahr
352 Seiten | Gebunden
ISBN 978-3-451-28368-0
Katholische und evangelische Praktiker der kirchlichen Männerarbeit
zeigen, wie es gelingt, Männer mit ihren oft ganz eigenen Glau-
benswegen anzusprechen, und wie sie mit neuen Angeboten ihre
Spiritualität erkunden und vertiefen können. Das Praxisbuch für die
spirituelle Männerarbeit.

HERDER

Das Zitat auf S. 153 ist entnommen aus: Fjodor Dostojewski,
Die Brüder Karamasow. Ins Deutsche übersetzt von Karl Nötzel.
Insel Verlag, Frankfurt am Main 2008, S. 100 © Insel Verlag
Leipzig 1921

Titel der schwedischen Originalausgabe:
Där lejonen bor – Män och manlighet i Bibeln
Erschienen bei Libris förlag, Örebro, Schweden
© 2008 Ylva Eggehorn / Libris förlag, Örebro

Für die deutschsprachige Ausgabe
© Verlag Herder GmbH, Freiburg im Breisgau 2009
Alle Rechte vorbehalten
www.herder.de

Umschlaggestaltung:
Weiß-Freiburg GmbH, Graphik & Buchgestaltung
unter Verwendung eine Motivs von Erika Molfenter
© Erika Molfenter

Innengestaltung:
werkdruck – Thomas Hein
www.werkdruck.de

Druck und Bindung:
fgb · freiburger graphische betriebe
www.fgb.de

Gedruckt auf umweltfreundlichem,
chlorfrei gebleichtem Papier
Printed in Germany

ISBN 978-3-451-32254-9